그냥 이렇게 살면 돼

그냥 이렇게 살면 돼

송희창 지음

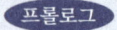

인생은 결코
정해진 운명대로 사는 것이 아니다

사는 게 왜 이렇게 힘든 걸까?
나는 언제까지 이렇게 살아야 하지?
행복이라는 게 과연 내게도 올까?

누구나 한 번쯤 이런 생각을 해본 적이 있을 것이다.
좋은 일만 가득한 인생이라면 얼마나 좋을까. 하지만 현실은 그렇지 않다. 기쁨이 있으면 슬픔도 있고, 뜻밖의 사고와 관계에서의 갈등, 진로와 돈에 대한 고민 등 많은 것들이 우리의 삶을 흔들어 놓는다.
그런데 똑같은 시련을 겪어도 사람들의 반응은 각기 다

르다. 어떤 사람은 쉽게 무너지는 반면, 어떤 사람은 오히려 그것을 발판 삼아 더욱 단단해지고 성장한다. 마치 드래곤볼에 등장하는 손오공이 강한 상대에게 쓰러져도 그때마다 내공이 더 강해지는 것처럼 말이다.

이런 차이를 만드는 것은 개인의 특별한 능력 때문이 아니다. 마음을 다루는 기술의 차이다.

...

사람은 어떤 시련이 오더라도 그 시련을 극복하고 성장할 수 있게 만들어졌다. 인간의 능력은 무한하고, 어떤 상황에서든 충분히 이겨낼 수 있다. 문제는 대부분의 사람들이 자신의 이런 진짜 능력을 모른다는 것이다.

내 사무실이 있는 건물에는 신경정신과가 있다. 엘리베이터를 탈 때마다 교복을 입은 학생부터 중년, 노년층까지 다양한 연령대의 사람들이 그곳에서 내리는 모습을 본다. 엘리베이터 문이 열리는 순간에 보면 병원 대기실은 늘 환자들로 가득 차 있다. 이 장면을 볼 때마다 나는 생각한다.

지금 이 순간에도 얼마나 많은 사람들이 삶의 무게에 짓눌려 고통 받고 있는 것일까.

물론 의사가 처방한 약을 통해 일시적인 위안을 얻을 수는 있다. 그러나 그것은 근본적인 해결책이 되지 못한다(참고로 신경정신과 약을 한 번 처방받게 되면 감기약처럼 일시적으로 복용하는 것이 아니라, 평생 그 약에 의존하며 살아야 하는 경우도 많다. 실제 내 주변에서도 신경정신과에 다니는 사람들은 약을 끊지 못하고 계속 복용 중이다).

문제가 생기면 피하지 마라. 정면으로 부딪쳐라. 물론 그 순간은 아플 수 있지만, 시간이 지나면 문제는 하나씩 수습되고 훨씬 단단해진 자신을 발견하게 될 것이다.

누구에게나 이런 힘과 지혜가 있으나, 그 능력을 모를 뿐이다. 사람에게도 사용설명서가 있는데 우리는 그것을 배우지 못했다. 그래서 나는 이 책을 '사람 사용설명서'라 생각하면서 집필했다.

나는 그동안 누구보다 많은 좌절과 고통을 겪었지만 그것을 피하지 않고 하나씩 극복하면서 성장해왔다. 그래서 과거의 나와 같은 사람이 있다면, 시련을 잘 극복하고 자신을 즐겁게 리드하는 방법을 알려주고 싶었다.

…

나도 원래부터 강한 사람이 아니었다. 어렸을 때 우리 집은 너무 가난했고, 학창 시절에는 성적도 중간 정도로 그저 평범했으며, 청년 시절에는 취업조차 제대로 못하는 사람이었다. 그래서 항상 미래가 불안했고 '나는 대체 뭘 잘할 수 있을까?'라는 질문 앞에서 서른 살이 될 때까지 움츠려 있었다.

그렇게 쫄보였던 나는 수없이 실패하고 깨지면서 배웠다. 마음을 단단히 하는 법, 사람들과 좋은 관계를 맺는 법, 돈을 현명하게 다루는 법, 목표를 세우고 달성하는 법 등 삶의 기술들을 하나씩 익히면서 점점 강해졌다.

지금은 주변에서 나를 "철갑 멘탈의 소유자"라고 부른다. 여러 위기를 겪을 때마다 굳건히 버티고 흔들림 없이 헤쳐 나가는 모습을 지켜봤기 때문일 것이다.

돌이켜 생각해보면 내가 가장 크게 성장한 순간들은 모두 힘든 순간이었다. 기대했던 성과가 나오지 않았을 때, 현실의 벽에 부딪혀 사업이 막막했을 때, 믿었던 사람에게 배신당해 괴로웠을 때 등이 바로 그런 순간들이었다.

처음에는 왜 내게 이런 일이 일어나는 거냐고 원망하며 남을 탓했다. 하지만 멘탈이 단단해진 후에는 안 좋은 상황을 마주해도 남을 탓하거나 문제를 피하지 않고, 오히려 더 적극적으로 부딪치며 극복해나갔다. 그렇게 하다 보니 그런 순간들이 나를 더 성장시키는 소중한 계기가 된다는 것을 깨달았다(앞서 이야기했던 드래곤볼의 손오공처럼 말이다).

많은 사람들이 "내 팔자가 원래 이래", "이 정도면 됐어", "난 머리가 나빠서 안 돼"라는 말로 스스로에게 한계를 그어버린다. 그러나 결코 타고난 조건이 인생을 결정하지는 않는다. 현재는 안 좋은 조건에 있을지라도 자신을 잘 리드한다면 얼마든지 성공한 인생을 만들어갈 수 있다. 내 인생이 그것을 증명한다.

...

이 책에는 자신을 리드하는 방법, 즉 삶을 잘 살아가는 방법이 담겨 있다. 실패해도 다시 일어서는 법, 남의 눈치를 보지 않고 나답게 살아가는 용기, 다양한 관계에서 나를 지키는 법, 그리고 행복과 성공을 이뤄내는 방법까지. 이를 통해 자신을 단단하게 바꿔나갈 수 있을 것이다.

우리의 인생은 생각보다 단순하다. 하루를 즐겁게 보내고, 주변 사람들과 좋은 관계를 맺고, 스스로를 따뜻하게 다독이면 된다. 이 작은 변화만으로도 인생은 완전히 달라질 수 있다.

그래서 책 제목을 '그냥 이렇게 살면 돼'라고 지었다. 그리고 길을 잃고 헤매는 사람, 인생이 너무 버거워서 힘든 사람, 누군가의 조언과 격려가 필요한 사람에게 인생 선배로서 이렇게 말해주고 싶었다.

"이대로만 살면 꽤 괜찮은 인생을 살 수 있어."

이 책이 당신 곁에서 작은 위로가 되고 든든한 길잡이가 되었으면 한다. 세상을 잘 살아가기 위해 가장 중요한 것은 '나 자신을 잘 리드하는 것'이다. 이 책을 다 읽고 나면 당신은 자신을 따뜻하게 위로하고 사랑하며, 동시에 인생을 즐겁게 이끌어갈 수 있는 사람이 될 것이다.

그냥 이렇게 살면 돼

다소 가벼워 보일 수 있는 이 말 속에 담긴 나의 진심이 전해지길 바란다.

이 책을 읽는 모두가 자신의 삶을 돌아보며 "행복하고 꽤 괜찮은 인생이네"라고 말할 수 있기를 진심으로 기원한다.

차례

프롤로그
인생은 결코 정해진 운명대로 사는 것이 아니다　　4

Part 1 | 위로가
　　　　 필요할 때

- 나 자신을 보듬어라　　21
- 고통은 영원하지 않다　　25
- 힘들었기에 힘들지 않다　　30
- 감정을 컨트롤 하는 법　　35
- 인과응보의 법칙　　40
- 가진 게 없어도 가질 수 있는 것은 많다　　44
- 인생에는 수많은 길이 있다　　48
- 잘 살아라. 그것이 가장 멋진 복수다　　53
- 지지율을 신경 쓰지 마라　　57

Part 2 | 인간관계를
        잘하고 싶을 때

- 인간관계가 인생을 바꾼다　　　　　　65
- 가까이해야 하는 사람　　　　　　　　69
- 멀리해야 하는 사람　　　　　　　　　74
- 사람을 검증하는 법　　　　　　　　　79
- 사람의 마음을 얻는 법　　　　　　　84
- 입을 닫고 귀를 열어라　　　　　　　88
- 호응만 잘해도 좋은 인맥이 갖춰진다　91
- 겸손한 사람이 관계도 인생도 성공한다　95
- 다름을 인정하라　　　　　　　　　　98
- 감정을 지배하는 사람이 인생을 지배한다　102
- 힐링되는 진짜 인맥 쌓기　　　　　　106
- 사람들은 모두 변한다　　　　　　　　111
- 인생에서 적을 만들지 마라　　　　　115
- 세상을 바꾸려 하지 마라　　　　　　120

Part 3 | 행복하고
싶을 때

- 건강해야 행복도 온다 127
- 행복은 셀프다 132
- 평생 즐길 수 있는 취미를 만들어라 136
- 감사는 지금 이 순간을 선물로 만든다 141
- 고독을 즐길 수 있어야 한다 146
- 자연인처럼 행복하게 사는 법 151
- 돈이 있어야 더 행복하다 158
- 사촌이 땅을 사면 기분이 좋다 163

Part 4 | 단단한 마음을
만들고 싶을 때

- 사람의 능력은 무한하다　　　　　　　　171
- 모두가 불가능하다고 여기는 것의 실체　　177
- 신체는 뇌를 따라간다　　　　　　　　　182
- 노력하여 바꿀 수 있는 것에만 집중하라　187
- 천천히 가도 괜찮아　　　　　　　　　　190
- 하나씩 하나씩　　　　　　　　　　　　194
- 어느 분야든 최고가 되는 법　　　　　　199
- 삶은 상대평가다　　　　　　　　　　　203
- 체력도 실력이다　　　　　　　　　　　207
- 슬럼프를 이겨내는 방법　　　　　　　　211

Part 5 | 성공을
이루고 싶을 때

- 성공은 확신에서 시작된다   221
- 사람은 자신이 그린 대로 삶을 살게 된다   225
- 목표 설정의 기술   229
- 백번쓰기하면 정말 성공할까요?   234
- 왜 시작이 반이야?   242
- 길게 보는 사람이 결국 성공한다   245
- 실패를 과정이라 생각하라   249
- 과정을 즐기는 사람이 결국 성공한다   252
- 성공의 반대말은 대중이다   257
- 대체 불가한 사람 되기   262
- 내면이 바뀌면 저절로 부자가 된다   267

에필로그
어둠 속에서는 작은 빛도 큰 힘이 된다 273

Part 1

위로가 필요할 때

나 자신을 보듬어라

***

스스로에게 따뜻한 말을 건네 본 적이 있는가?

그래, 잘하고 있어!
할 수 있어! 조금만 더 가면 정상이야.
나는 최고다!

나는 스스로에게 이렇게 응원과 용기를 주는 말을 자주 건넨다. 이것이 내가 나 자신과 대화를 하는 방법이다.

우리는 인생을 살아가면서 수많은 타인들과 대화를 나

눈다. 그러나 정작 자신과의 대화에는 소홀하다. 삶에서 가장 중요하고 필요한 것은 어느 누구도 아닌 '나와의 대화'인데 말이다.

치열한 경쟁 사회에서 살아남으려다 보니, 사람들은 자신을 몰아붙이고 스스로를 다그치는 것에 익숙하다. 나도 그랬다. 일이 뜻대로 풀리지 않을 때면 '나는 대체 왜 이럴까?'라며 자책했고, 실수를 하면 '내가 왜 그랬을까?'라며 나 자신을 몰아세웠다.

하지만 그렇게 스스로를 채찍질하는 말들은 나를 더욱 더 지치게 할 뿐 나에게 도움 되는 것은 하나도 없었다.

만약 다른 누군가가 나의 실수를 탓하는 말을 한다면 어떨까? 큰 상처를 받는 것은 물론이고 자연스럽게 그와의 관계를 멀리하려고 할 것이다. '나 자신'도 마찬가지다.

나와 나 자신이 멀어지게 하지 말아라. 스스로에게 더 이상 상처주지 말고 자신을 보듬어주자. 인생에서 가장 힘든 순간 나를 일으켜 세울 수 있는 것은 결국 '나 자신'이다.

실수를 했을 때는 '괜찮아. 실수는 누구든 할 수 있고,

이 또한 내일을 위한 밑거름이 될 거야'라고, 하루를 마무리하는 지친 나에게는 '오늘도 애썼어. 앞으로 좋은 날이 이어질 거야'라고 말해주자.

나를 다독이고 용기와 힘을 주는 말을 건네는 것. 이것이 나를 내 편으로 만드는 가장 쉽고도 강력한 방법이다.

나와의 대화는 언제 어디서든 다양한 방법으로 할 수 있다. 거울 속 나에게 미소를 지으며 말을 건넬 수도 있고, 나에게 해주고 싶은 말을 일기처럼 적어볼 수도 있다. 산책을 하면서 마음속으로 자신에게 말을 건네도 좋다. 중요한 것은 방식이 아니라, 어떤 방식으로든 나를 존중하고 따뜻하게 대하는 마음가짐을 갖는 것이다.

오늘부터 시작해보자. 하루 한마디라도 좋다.

매일 치열한 인생을 사는 나에게 '지금도 충분히 잘하고 있어'라고 다독여주어라. 무언가에 도전했다가 포기하고 싶은 순간에는 '조금만 더 가면 정상이야. 힘내!'라고 응원해주어라.

처음에는 이 시간이 다소 낯설게 느껴질지도 모른다. 하지만 하루 한마디라도 건네는 연습을 꾸준히 하다 보면 어느 순간 자연스레 자신과 대화를 하고 있는 나를 발견하게 될 것이다.

세상에서 가장 강력한 내 편이자 삶의 원동력인 나 자신을 생각하면서, 그렇게 오늘 하루도 꿋꿋이 버티며 살아온 나를 따스하게 보듬어주자.

오늘 하루도 힘들었지만 정말 잘했어.
그래, 그렇게 하면 돼. 앞으로 모든 것이 잘될 거야!
밝은 미소로 즐겁게 살자!

고통은 영원하지 않다

***

살다 보면 언제나 좋은 일만 생길 수는 없다. 때로는 불행이 연달아 찾아오고, 아무리 애를 써도 일이 풀리지 않는 시기가 오기도 한다. 성공해서 돈이 넘치거나 사회적으로 높은 지위에 올랐다고 해서 예외는 아니다. 사람이라면 누구에게나 고통의 순간이 찾아온다. 가끔은 그 고통이 너무 커서 모든 걸 내려놓고 싶다는 생각이 들기도 한다.

나 역시 지금까지 수많은 고통의 시간을 겪어왔다. 어떤 날은 가까운 이의 배신으로 아침에 눈을 뜨는 것조차 버거운 적도 있었고, 중요한 일이 잘 풀리지 않아 극심한 스트레스로 몸에 이상이 생겨 이렇게 사는 것이 맞는지 회의감을 느낀 적도 있었다.

이처럼 큰 고통이 찾아오는 순간에는 어떻게 해야 할까?

가장 중요한 것은 고통을 받아들이는 태도다. 흔히 신은 인간이 감당할 수 있는 만큼의 고통만 준다고 한다. 그러니 지금 내가 겪고 있는 이 고통 역시 충분히 이겨낼 수 있다고 믿는 마음가짐이 필요하다.

그리고 반드시 기억해야 할 것은, 지금의 고통은 절대 영원하지 않으며 이 또한 지나간다는 사실이다.

젊은 시절, 세상이 무너질 것만 같던 일들이 있었다. 그런데 참 웃기다. 그토록 괴로워하던 일들이 이제는 기억조차 나지 않는다. 어느덧 쉰을 넘긴 지금 돌아보면 그 일들은 정말 별 일도 아니었다.

학창 시절에는 성적이나 진로가 마치 인생의 전부인 것처럼 느껴지지만, 시간이 지나고 돌아보면 참 작고 사소한 고민이었다는 걸 알게 된다. 사랑도 마찬가지다. 사랑할 땐 상대가 세상의 전부처럼 느껴지고 헤어지면 죽을 것만 같은 느낌이 든다. 그러나 시간이 흐르면 언제 그랬냐는 듯 잊고 있는 자신을 발견한다.

시간이 모든 상처를 지워주진 못하지만, 시간이 흐를수록 고통이 무뎌지는 것은 분명하다.

인간은 생각보다 훨씬 더 잘 만들어졌다. 신기하게도 우리의 뇌는 큰 고통을 이겨내기 위해 스스로를 보호하는 작용을 한다. 어떤 사건이 발생하고 3일이 지나면서부터 뇌는 그 기억을 점차 흐릿하게 만들기 시작한다. 그래서 상처, 슬픔, 분노 등의 감정도 무뎌지게 만든다. 인간을 '망각의 동물'이라 부르는 것도 이 때문이다.

우리에게 친숙한 '작심삼일'도 결국 뇌의 이런 작용에서 비롯된 것이다. 뇌가 인간의 생존을 위해 기억을 조금씩 지우는 작용을 하기 때문에 우리의 굳은 결심도 그리 오래가지 못하고 3일이 지나면 무뎌지는 것이다.

실제로 우리는 이러한 망각의 힘을 의도적으로 활용하

는 사례도 볼 수 있다. 연예인들이 대중들의 망각을 활용하는 경우가 그것이다.

연예인이 도박이나 마약, 음주운전 등의 큰 실수를 하면 출연 중인 모든 프로그램에서 하차를 하고 자숙의 시간을 갖는다. 그리고 2년 정도 지난 시점에 다시 방송에 출연하는 것은 이제 하나의 공식처럼 되어버렸다.

그 기간 동안 대중의 뇌에서는 망각작용이 일어나기 때문에 자연스럽게 그에 대한 기억이 흐릿해지고, 분노와 실망감도 많이 누그러진다. 연예인과 기획사들은 이러한 대중의 심리를 잘 알고 있는 것이다.

누군가는 뇌가 기억을 잊게 하는 것을 부정적으로 생각할지도 모르겠다. 하지만 기억을 지우는 능력은 오히려 인간의 중요한 생존 메커니즘이다. 너무 큰 슬픔과 고통의 기억이 계속해서 선명하게 남아 있다면 우리는 일상을 제대로 살아갈 수 없을 것이다. 그러나 다행히도 우리의 뇌는 기억을 조금씩 지우고, 감정의 날카로움도 무디게 만들어 준다.

예전부터 어른들이 '시간이 약이다'라고 했던 말은 단순한 위로가 아니라 실제 경험에서 얻은 진리였던 것이다.

지금 이 순간 고통의 시간을 겪고 있다면 너무 걱정할 필요가 없다. 스스로에게 말해보자.

"이 고통은 영원하지 않다. 신은 이겨낼 수 있는 고통만 주기에 나는 지금의 고통을 충분히 극복해낼 수 있는 힘이 있다."

이런 마음가짐으로 하루하루를 꿋꿋이 살아가면, 머지않아 안 좋은 일은 극복하고 다시 좋은 날들이 이어질 것이다. 그때가 되면 지금 이렇게 괴로워하던 자신을 돌아보며 '별것도 아닌 일에 왜 그렇게 힘들어했을까' 하고 웃게 될 것이다.

힘들었기에 힘들지 않다

***

우리는 흔히 태어날 때의 경제적 환경을 기준으로 흙수저, 금수저, 다이아수저와 같은 표현을 쓴다. 그런데 이런 용어는 마치 돈으로 계급이 나뉘어지는 느낌마저 들게 한다. 마치 이미 출발선에서부터 인생이 결정된 것처럼 말이다.

하지만 부유한 가정에서 태어났다고 해서 그 삶이 늘 행복한 것도 아니고, 가난한 집안에서 자랐다고 해서 반드시 불행하리란 법도 없다. 오히려 어릴 적부터 부족함을 경험한 사람은 하나씩 채워지는 과정 속에서 감사와 만족을 더 깊이 느끼고 배운다. 반대로, 태어날 때부터 모든 것이 갖취져 있던 사람은 더 나은 조건이 주어져도 만족감과 행복을 크게 느끼지 못한다.

인생의 굴곡은 누구에게나 있다. 지금까지 정말 다양한 사람을 만나온 내 경험에 미루어보면 힘든 시기를 맞이했을 때, 과거에 바닥을 이미 경험해본 사람과 그렇지 않은 사람의 차이는 확연하다.

이미 바닥을 경험해본 사람은 그 경험을 떠올리며 그 순간을 훨씬 더 유연하고 단단하게 극복해낸다. 반면 항상 안정적이고 풍족했던 사람은 조금만 흔들려도 크게 불안해한다. 남들이 보기엔 여전히 꽤 괜찮은 삶을 살고 있음에도 쉽게 좌절하고 무너진다.

시골의 가난한 집, 6남매 중 다섯째로 태어난 나는 유년 시절부터 깊은 가난을 경험했다. 입을 것과 먹을 것은 항상 부족했고, 학창 시절에 용돈 한 번 제대로 받아본 적이 없다.

학창 시절 우리 집은 상승하는 전세금을 감당하지 못해 차량 통행조차 되지 않는 달동네로 밀려났고, 대학생 시절 나는 부모님의 도움 없이 혼자서 아르바이트를 하며 버텼다. 대학 졸업 후에도 230만 원을 주고 산 중고 티코를 6년 반 동안 타고 다녔고, 돈을 아끼기 위해 음료수 한 캔조차 사먹지 않았다.

그렇게 버티고 버텨 30대 중반이 되자 경제적 여유가 조금씩 생기기 시작했다. 하지만 돈이 많아진다고 늘 좋은 일만 있는 것은 아니었다.
그럴 때마다 나는 스스로에게 말했다.
"그래도 예전 가난했던 시절보다 지금이 훨씬 낫잖아."
이렇게 생각하면 어떤 힘든 상황도 헤쳐나갈 수 있었다.

'젊어서 고생은 사서도 한다'는 말처럼 어릴 때 겪은 가난과 고생은 지금도 나를 붙잡아주는 든든한 버팀목이다. 이건 비단 나만의 이야기가 아니다. 힘든 시간을 견뎌본 사람은 단단하고, 단단한 사람은 쉽게 흔들리지 않는다.

남자들에게 인생의 힘든 시기 중 하나는 군대 시기일 것이다. 이곳에서는 나이나 사회적 지위와 상관없이 상관에게는 무조건 존칭을 써야하고 그의 지시를 따라야한다. 억울하거나 납득되지 않는 지시라도 받아들여야 하고, 잠자는 것부터 일어나고 식사하는 모든 일정을 통제받는다. 자유로운 일상과는 완전히 다른 세계이기에 이곳에서의 생활은 결코 쉽지 않다.

하지만 제대 후 돌아보면 그 시간이 참을성과 책임감을 길러주었음을 알게 된다. 남성의 경우 군필자와 아닌 사람의 차이가 확연하게 느껴지는 이유가 바로 그것이다.
일부 학교나 기업에서는 '극기훈련', '해병대 캠프'와 같은 프로그램을 통해 의도적으로 어려운 상황을 체험하게 하며 학생이나 직원들의 정신력을 강화시키기도 한다. 그런 과정이 사람을 성장시킨다는 것을 알기 때문이다.

혹시 아이를 키우는 부모인데 경제적인 여유가 되지 않아 무언가를 채워주지 못해 미안한 마음이 드는가? 너무 걱정하지 말아라. 조금 부족한 환경에서 자라는 아이가 힘든 상황을 더 잘 이겨내게 된다. 그리고 그 아이는 하나씩 채워지는 경험의 소중함을 알고, 스스로의 힘으로 삶을 개척하는 법을 배우게 될 것이다.

나는 지금 경제적 여유가 있지만 내 아이들이 원하는 것을 모두 들어주지는 않는다. 내가 그러했듯, 부족함을 느끼며 자란 아이는 무언가를 얻었을 때 더 큰 기쁨을 느끼고 삶의 감사함을 알게 된다고 믿기 때문이다. 그리고 이런 과정을 통해 아이들의 내면이 더욱 단단해질 것을 누구보다 잘 알고 있다.

과거가 단단하다면 현재에 흔들리지 않을 수 있듯, 지금이 힘들다면 미래에는 지금만큼 힘들지 않을 것이다.

힘든 시기를 지나고 있는가? 지금의 고된 시간은 당신을 더욱 강하게 만들어 줄 것이니, 그저 묵묵히 한 걸음씩 나아가라.

감정을 컨트롤 하는 법

***

인생을 살다 보면 누구나 다양한 감정을 경험하게 된다. 기쁨과 즐거움, 분노와 슬픔, 후회와 좌절까지. 감정은 우리의 삶을 풍요롭게 하지만, 때로는 그 감정에 휩쓸려 삶의 균형을 잃기도 한다.

문제는 감정 그 자체가 아니라, 감정을 제어하지 못하는 태도에 있다. 뉴스에서는 층간소음이 발생했을 때나 운전 중에 감정을 주체하지 못해 돌이킬 수 없는 실수를 저지르는 사건·사고들이 끊임없이 보도된다. 일상에서도 사소한 감정으로 인해 소중했던 인간관계가 무너지고, 작은 스트레스가 쌓여 심각한 우울증으로 이어지는 경우가 빈번하다. 우리는 이처럼 쉽게 흥분하고, 쉽게 상처받고, 쉽게 낙심한다.

우리나라는 OECD 국가 중 자살률 1위를 기록하고 있으며, 청소년뿐 아니라 노인 자살률도 심각한 수준이다. 이는 단순히 사회 구조의 문제만이 아니라, 우리가 감정을 건강하게 다루는 방법을 제대로 알지 못하고 있음을 보여준다.
예로부터 우리 민족은 '한이 많은 민족'이라고 했다. 여기서 말하는 '한'은 억울함과 원통함이 가슴 속에 응어리져 쌓여 있는 감정이다. 이렇게 풀리지 않는 감정이 깊게 자리 잡으면 삶이 무겁고 고단해지는 것은 당연하다.

우리의 감정은 수많은 상황 속에서 끊임없이 변화한다. 이 감정의 소용돌이 속에서 자신의 감정을 제대로 다스리지 못하면 어떻게 될까? 분노, 슬픔, 미움, 좌절, 후회와 같은 부정적인 감정이 오래 지속되면 우리 몸은 만성적 스트레스를 받는 것은 물론이고, 면역체계도 약해져 결국 건강까지 위협받게 된다.

감정 컨트롤은 단순히 감정을 표현하거나 억제하는 기술이 아닌, 삶을 더 건강하고 지혜롭게 살아가기 위한 필수 역량이다.

스포츠 관람을 예로 들어보자. 많은 이들이 스포츠 경기를 관전할 때 '무조건 우리 팀이 이겨야 한다'는 것을 전제로 응원한다. 중계 화면 속 관중석을 보면 사람들의 감정이 고스란히 얼굴에 드러난다. 자신이 응원하는 팀이 골을 넣으면 환호성을 지르며 극도로 흥분하고, 반대로 패배하면 크게 낙담하거나 화를 내는 모습이 보이기도 한다. 이처럼 스포츠 경기 하나에도 우리의 감정은 크게 흔들리는 것이다.

그러나 승리의 순간에도 지나치게 들뜨지 않고, 패배의 순간에도 절망하지 않으며 결과를 덤덤하게 받아들이는 연습이 필요하다. 어떤 상황에도 평정심을 유지하는 것. 이것이 감정 컨트롤의 시작이다.

실제로 나는 월드컵이나 올림픽 같은 중요 경기를 관람할 때면 미리 마음을 비운 상태로 응원에 임한다. '이길 수도 있지만, 질 수도 있다'는 그 양면의 가능성을 염두에 두고 경기를 본다. 그래서 우리 팀이 득점했을 때도 지나치게 기뻐하지 않으며, 실점했을 때도 차분하게 받아들인다.

누군가는 이렇게 말할 수 있다.
"그렇게 경기를 보면 너무 재미없지 않나요?"
일리 있는 지적이다. 감정적으로 몰입하면 분명 더 큰 쾌감을 경험할 수 있다. 하지만 나는 한 번의 진한 쾌감보다 나의 감정이 흐트러지지 않는 것이 더 중요하다고 생각한다.
경기가 끝난 후 승리에 환호하며 새벽까지 거리를 배회하거나 패배에 분노해 상대팀의 관중들에게 시비를 거는 모습도 종종 볼 수 있다. 이는 모두 자신의 감정을 제대로 컨트롤하지 못한 대표적인 사례이다.

살아가면서 무언가에 몰입하는 것이 항상 좋은 것만은 아니다. 중요한 목표와 업무에는 온전히 몰입해야 하지만, 감정을 소모하는 일에는 거리를 둘 줄 알아야 한다. 기뻐할 일은 절제하여 기뻐하고, 실망할 일에서는 최소한으로 실망하라. '이번에 졌으니 다음엔 이기겠지'라고 생각하라. 그렇게 생각하면 사실 별일도 아니다.

감정 컨트롤이 가능해지면 늘 안정적이고 기분 좋은 상태를 유지할 수 있게 된다. 그리고 이는 곧 자신의 삶을 원하는 방향으로 이끄는 강력한 힘이 된다.

감정을 잘 다스리는 사람은 위기 속에서도 무너지지 않고, 기회 앞에서도 쉽게 들뜨지 않는다. 그래서 늘 중심을 지키며 앞으로 나아갈 수 있는 것이다.

자기 관리의 시작은 감정 컨트롤, 즉 '감정의 주인이 되는 것'이다. 물 잔에 담긴 물처럼 자신의 감정을 다스려라. 심하게 흔들려 넘쳐흐르지 않게 늘 잔잔함을 유지하라. 그렇게 스스로의 감정을 원하는 대로 이끌 수 있다면, 지금보다 훨씬 더 많은 것들을 해내며 인생도 원하는 대로 이끌 수 있을 것이다.

인과응보의 법칙

***

세상에는 분명한 이치가 하나 있다. '인과응보'의 법칙. 자신이 한 일에 대한 결과는 반드시 자신에게 되돌아온다는 법칙이다. 좋은 일을 하면 좋은 결과가 따라오고, 반대로 나쁜 일에는 나쁜 결과가 따른다. 따라서 누군가에게 상처를 주거나 잘못을 저지르면, 그 대가는 언젠가 반드시 자신에게 돌아온다.

나는 이 인과응보의 법칙을 굳게 믿는다. 그리고 세상은 실제로 그렇게 움직이고 있다.

연예계를 보면 이 원리가 더욱 선명하게 드러난다. 하루 아침에 스타덤에 오른 인물이 과거 학교폭력 논란으로 순식간에 추락하는 일은 이제 낯설지 않다. 미성숙했던 학창 시절의 행동일지라도, 그 잘못이 제대로 해결되지 않은 채 시간이 흐르면 언젠가 더 큰 대가로 돌아오는 것이다.

한 드라마를 통해 주목받던 배우가 온라인 커뮤니티를 통해 학교폭력 피해 사실이 공개되면서 급격히 추락한 사례가 있다. '교실 쓰레기통에 방뇨했다', '체험학습 후 지하철에서 기분이 나쁘다는 이유로 친구의 뺨을 때렸다' 등 충격적인 내용들이 대중들에게 공개되었고, 결국 그는 "용서받을 수 없는 행동이었고, 무릎 꿇어 진심으로 사죄드립니다"라는 자필 사과문까지 게재했으나, 이미 상황은 돌이킬 수 없었다. 이로 인해 시청자들의 항의가 쏟아졌다. 결국 드라마 제작사는 배우 교체로 막대한 손실을 입었고, 해당 배우의 소속사는 제작사에 14억 원을 배상하라는 판결을 받게 되었다.

이런 케이스는 배우뿐만 아니라 다양한 오디션 프로그램 참가자들에게서도 나타난다. 과거의 학교폭력 가해자로 지목되어 방송 중간에 하차하는 사례가 꽤 빈번하게 발생한다. 주목을 받던 참가자일지라도 눈물로 자진하차를 하거나 방송에서 완전히 통편집이 되는 식이다.

이처럼 과거의 잘못된 행적은 결코 사라지지 않는다. 시간이 많이 지났기에 주변인들이 잊었을 거라고 생각할 때 오히려 더 무거운 대가를 요구하며 돌아온다. 악행을 저지른 사람의 결말이 결코 해피엔딩일 수는 없다.

인과응보의 법칙을 믿게 되면, 살아가다 비매너인 사람을 만나더라도 굳이 직접 응징할 필요가 없다는 걸 알게 된다. 그런 사람은 언젠가 자신의 행동에 대한 합당한 대가를 치르게 될 것이기 때문이다.

그래서 누군가와 마찰이 생겼을 때, 비록 내가 억울한 상황일지라도 그 자리를 피하고 한 발 물러설 수 있게 된다. 누군가는 이런 상황에서 '왜 내가 피해야 하지?'라고 생각할 수 있으나, 사실 이것은 비겁함이 아닌 삶의 지혜로움이다.

불필요한 다툼을 피하는 것, 무의미한 싸움을 피하는

것, 그것이 결국 내 삶을 지키는 현명한 방법이다. 내가 지금 상대의 무례함을 참고 조용히 넘어갔다고 하여 그 상대가 앞으로도 계속 무사하리라는 보장은 없다. 그는 비슷한 상황이 발생하면 또다시 같은 방식으로 무례하게 행동할 것이고, 언젠가는 자신과 비슷한 성향의 무례한 상대방을 만나 엄청난 고통을 겪게 될 것이 분명하다.

그러니 당장은 분노와 억울함이 있는 상황을 겪더라도 '세상이 알아서 벌해줄 것이다'라고 생각하자. 세상은 당신이 생각한 것보다 공정한 대가를 치르게 한다. 내가 직접 응징하거나 심판하지 않더라도 세상이 언젠가는 그에게 합당한 결과를 안겨줄 것이다.

인과응보, 이 법칙을 이해하면 억울한 상황에서도 감정을 낭비하지 않을 수 있고, 마음을 다스려 오히려 여유를 가질 수 있다. 그리고 그 인내는 결국 자신을 더욱 단단하게 만들어 줄 밑거름이 될 것임을 기억하라.

가진 게 없어도
가질 수 있는 것은 많다

***

누군가를 만났을 때 가장 오래 기억에 남는 것은 무엇인가? 외모? 말투? 아니면 행동?

보통은 외모일 거라고 생각하지만 놀랍게도 우리가 기억하는 것은 그 사람의 인상과 전체적인 분위기다. 그래서 우리는 본능적으로 '이 사람에 대해 더 알고 싶다' 혹은 '이 사람은 좀 불편하다'라는 생각을 하게 되는 것이다.

아무리 돈과 권력이 있고 유명한 사람일지라도, 늘 인상을 쓰고 거만하게 군다면 그의 곁에는 아무도 없을 것이다. 그래서 안 좋은 성향의 사람들은 외로울 수밖에 없다.

반대로, 가진 것이 부족하더라도 밝고 긍정적인 사람의 주변에는 좋은 인연들로 채워져 삶이 점점 풍요로워지고 즐겁게 살아가는 모습을 볼 수 있다.

인생을 풍족하게 살아가고 싶다면 성공이라는 큰 목표도 좋지만, 그보다 먼저 자신의 분위기를 밝게 만드는 것이 중요하다. 이것이 인생을 긍정적으로 만들고, 성공으로 이끄는 가장 확실한 출발점이 될 것이다.

좋은 사람들을 만나고 싶다면 나부터 먼저 좋은 사람이 되어야 하는데, 매력적이고 좋은 사람이 되는 가장 빠르고 쉬운 방법은 밝은 사람이 되는 것이다.

은행이나 백화점에서 직원이 환한 미소로 맞이할 때 나 역시 괜히 기분이 좋아졌던 경험이 있지 않은가. 그 사람과는 아무런 인연도 아니고, 그저 미소 한번 지었을 뿐인데 말이다.

이처럼 누군가를 기분 좋게 만드는 데에는 돈도, 배경도, 특별한 재능도 전혀 필요 없다.

지금 힘들고 지쳐 있더라도 그 감정을 얼굴에 담지 말고 웃으며 하루를 보내보자. 찡그린 얼굴로 날카롭게 말하는 사람에게 다가오고 싶은 사람은 아무도 없다. 반면, 힘들더라도 미소 짓는 사람에게는 좋은 인연과 함께 더 많은 기회가 찾아온다.

영화나 드라마의 주인공들을 떠올려보아라. 대부분 가난하거나 어려운 환경에서 시작하지만, 밝고 긍정적인 태도를 잃지 않는다. 그리고 결국엔 자신을 위해주는 사람들과 인연을 맺으며, 원하는 '성공'까지 이루게 된다.
반대로 악역은 큰 권력과 재력을 가졌지만, 거만하고 냉소적이며 사람을 무시하는 경향이 있다. 그리고 그 끝에는 사람과 돈까지 모두 잃게 되어 '실패'라는 두 글자만이 남는다.
이건 단지 픽션의 공식이 아니라, 현실에서도 똑같이 적용되는 법칙이다.

따라서 지금 가진 것이 부족하더라도, 거울을 보고 웃는 것부터 시작해보아라. 그 작은 표정 변화 하나가 당신의 분위기를 바꾸고, 그 긍정의 분위기가 수많은 좋은 인연과 기회를 끌어올 테니 말이다.

웃는 얼굴을 싫어하는 사람은 없다. 밝은 사람에게는 자연스럽게 사람이 모이고, 사람이 모이면 기회가 찾아오는 법이다. 그리고 그 기회는 결국 당신을 성공으로 이끌 것이다.

이것은 결코 허황된 이야기가 아니다. 수많은 책과 실제 내 주변 사람들의 삶을 통해 직접 검증한 삶의 법칙이다.

지금 당장은 가진 게 아무것도 없더라도, 밝게 미소를 유지하며 하루하루를 살아가라. 그러면 언젠가 당신은 많은 것을 이룬 사람이 되어 있을 것이다.

인생에는 수많은 길이 있다

***

오랫동안 한국 사회에서는 '공부를 잘해야 성공할 수 있다'는 말이 절대적인 진리처럼 여겨져 왔다. 그래서 지금도 여전히 어른들이 학생들에게 가장 많이 하는 조언은 '공부 열심히 해라. 그래야 성공할 수 있다'는 말이다.

이 말이 틀렸다는 것은 아니지만, 공부가 성공으로 가는 유일한 길이라고 믿게 만드는 건 결코 좋은 조언은 아니다. 대부분의 어른들이 그렇게 말하는 이유는 그들 자신이 다른 길을 경험해본 적이 없기 때문이다.

공부를 잘해서 좋은 대학에 진학하여 괜찮은 직업을 갖

겠다는, 오직 그런 한 길만 보면서 살아왔고 다른 가능성은 애초에 고려조차 해보지 않았기 때문에 자연스럽게 아이들에게도 그 길만을 권하게 되는 것이다.

여기서 말하는 어른에는 학교 선생님도 포함된다. 교사들 역시 정해진 길을 따라서 살아온 어른이다. 대학에 진학하여 임용시험을 준비하고, 교단에 오른 후 대부분의 시간을 학교라는 갇힌 공간에서만 보내게 된다.

그래서 세상의 정말 다양한 직업군이나 취업을 하지 않더라도 갈 수 있는 길이 많다는 사실을 알지 못하기 때문에 학생들에게도 이야기해 줄 수 없는 것이다(이는 교사라는 직업을 폄하하는 것이 아닌, 어쩔 수 없는 사회적 구조를 이야기하는 것이니 오해는 하지 말았으면 한다).

공부가 인생에 도움이 되는 건 분명하다. 하지만 그것이 인생 전체를 결정짓는 절댓값은 아니다. 많은 이들이 열심히 공부하는 이유는 더 좋은 대학, 더 나은 직장, 더 많은 수입이라는 '성과'를 기대하기 때문이다. 결국 수입이 좋은 괜찮은 직업 하나를 갖기 위해 공부하는 것이라 해도 과언이 아니다.

하지만 현실은 어떠한가. 공부를 잘해 대기업에 들어가거나 의사, 변호사 등 전문직이 된 사람들조차 진짜 '부자'로 살아가는 경우는 드물다. 그들 대부분은 일정한 노동과 시간을 투입해야만 수익을 얻을 수 있는 환경에 있기 때문에, 전문직도 결국엔 노동의 대가로 돈을 버는 고급 노동자일 뿐이다.

그러니 절대 한 가지 시선으로만 세상을 바라보지 마라. 자본주의 시장에서 돈을 버는 방법은 정말로 다양하다. 하지만, 대부분의 사람들은 그런 길이 있다는 사실조차 알지 못한다. 왜냐하면 그러한 길을 알려주는 사람이 없기 때문이다.

나 역시 학창 시절에는 "세상은 넓고 할 일은 많다"는 故 김우중 전 대우그룹 회장의 말이 전혀 와닿지 않았다. 오히려 반감이 들었다. 수십 군데 이력서를 넣었음에도 나에게 취업의 문을 열어주는 곳은 단 한 곳도 없었으니까 말이다. 그래서 당시에는 이 말을 단순히 청년들에게 용기를 북돋아주기 위한, 현실과 동떨어진 말이라고 생각했다.

하지만 사회에 나와 많은 일을 겪고 여러 사업을 하게 되면서, 그 말의 진짜 의미를 알게 되었다. 세상은 정말로 넓고, 할 수 있는 일이 많았다. 그때부터 세상은 '취직조차 하기 힘든 곳'이 아니라 '돈 벌 수 있는 기회가 정말 많은 곳'으로 점차 바뀌어갔다. 인생에서 무언가를 얻기 위해서는 꼭 정해진 길로만 가야 하는 건 아니었다. 다만 그 전까지는 나도 내 주변 사람들도 그 사실을 몰랐을 뿐이다.

나는 숙박업, 요식업, 서비스업 등 대학 전공과 전혀 무관한 분야에 도전했고, 그 안에서 큰 수익과 성과를 만들어냈다. 나뿐만 아니라 내 주변에도 기존의 경력과 무관한 분야에 도전하여 새로운 삶을 살게 된 사례가 많다. 평범한 주부, 직장인, 은퇴자 등 그들의 배경은 아주 다양했다. 그들의 한 가지 공통점은 지금까지 걸어온 길과는 다른 길을 용기 있게 시도했다는 점이다.

세상에는 우리가 갈 수 있는 길이 정말 많다. 그리고 그 길은 누구에게나 열려 있다. 지금 내가 가는 길에서 좋은 성과가 나오지 않거나 이 길이 아니라는 생각이 들더라도 조급해하거나 당황하지 마라.

지금 가는 길이 막혔다고 해서 나의 인생이 막힌 것이 아니다. 가던 걸음을 멈추거나 걸어오던 길을 바꾸는 것이 실패를 의미하는 것도 아니다. 그러니 지금 걷고 있는 길이 아닌 것 같다는 생각이 들면 잠시 멈춰서 다른 길을 바라봐도 괜찮다.

내가 가고 있는 지금의 이 길이 전부가 아니라는 사실을 반드시 기억하라. 우리는 언제든 또 다른 길을 만날 수 있고, 그 길 끝에서 지금보다 훨씬 더 나은 삶을 만들어 낼 수 있을 테니 말이다.

잘 살아라
그것이 가장 멋진 복수다

***

인생은 만남과 헤어짐의 연속이다. 좋은 인연만 만날 수는 없고, 좋은 인연을 만났더라도 그 인연이 평생 이어지기는 쉽지 않다.

살다 보면 이성과의 이별은 물론 가장 가까운 사람에게조차 배신을 당하는 순간이 찾아오기도 한다. 상대가 누구든 가까웠던 관계일수록 그 상처는 더욱 깊게 남는다. 이런 상황에서 우리는 어떻게 행동하는 것이 현명할까?

나는 늘 "사람을 미워하면 병을 얻게 되고, 자기 자신을 돌아보면 더 큰 사람이 된다"고 말한다. 상처를 어떻게 받아들이느냐에 따라 그 상처가 나를 무너뜨릴 수도, 나를 더 단단한 사람으로 만들 수도 있다.

 배신을 당했을 때 가장 중요한 건 상대를 탓하지 않는 것이다. 처음에는 당연히 억울하고 분한 마음이 들 것이다. 하지만 그런 미움의 감정을 오래 붙잡고 있으면 그것은 점점 분노와 증오가 되고, 결국 마지막엔 그런 감정이 나의 건강을 무너뜨린다.
 이미 배신으로 상처받은 마음에 몸까지 망가진다면 얼마나 억울한 일인가. 상대는 그 일을 잊고 잘 살고 있을 것인데, 나만 망가지는 것이다.

 그러니 살아가다 배신을 당했다면, 배신의 이유를 상대의 잘못에서 찾지 말고 자신의 부족한 점을 돌아보는 계기로 삼아보자. 즉, 이것은 '나의 삶을 돌아보는 기회'라고 말이다. 이번 일을 통해 그동안 내가 무엇을 놓쳤는지, 어떤 부분을 더 채워야 하는지 스스로를 성찰해보는 것이다.

 나도 지금까지 정말 아끼고 잘 해줬던 사람에게서 배신을 당한 경험이 여러 차례 있다. 나 역시 처음에는 분노하고 상대를 탓하면서 시간을 보냈다. 주변 사람들에게 배신한 상대의 잘못을 늘어놓기도 했다. 하지만 다른 사람들은 그런 이야기를 100% 신뢰하는 것도 아니라는 사실을 알게 되었고, 오히려 이런 태도는 나만 손해였다.

그래서 누군가와 헤어진 경우 상대를 원망하는 대신, 그와의 관계에서 나의 부족함이 무엇인지부터 돌아보고 내 부족함을 더 채우는 데 집중했다. 그랬더니 오히려 안 좋은 순간을 겪을 때마다 나는 한층 더 성장해 있었다. 그러다보니 신기하게도 내 곁에는 떠난 사람보다 훨씬 더 좋은 인연들로 채워지기 시작했다.

이는 우연이 아닌 당연한 결과다. 내가 더 나은 사람이 되었기 때문에 더 나은 인연을 만나게 된 것이다.

"잘 사는 것이 최고의 복수다"

누군가에게 배신을 당했다고 괴로워하며 자신을 망가뜨리는 일은 절대 하지 말아라. 오히려 더 단단해지고, 자신의 부족함을 채워 더 성장하는 기회로 만들어라. 그러면 남아있는 주변인들도 당신을 더욱 신뢰하고 따르게 될 것이다.

 시간이 흘러, 멋지게 잘 살고 있는 당신의 소식은 배신한 이에게 최고의 복수가 될 것이다.

지지율을 신경 쓰지 마라

***

한국인은 장단점이 아주 극명한 민족이다. 무엇이든 빨리 배우고, 집중력과 감이 무척 뛰어나다. 특히 경쟁이 붙으면 절대 지지 않으려는 승부욕이 강해 후발주자였다가도 어느 순간 선두에 올라서곤 한다.

반대로 한국인 특유의 단점 중 하나는 '남의 시선에 지나치게 민감하다'는 점이다. 스스로의 기준보다는 타인의 평가를 더욱 의식하며 살아가는 이들이 정말 많다. 무엇을 하든 '남들이 어떻게 볼까'가 행동의 최우선 기준이 되는 것이다.

종종 대중의 사랑을 받던 유명인들이 악플과 루머 속에서 결국 스스로 생을 마감했다는 소식을 접하곤 한다. 이는 수많은 응원과 지지 속에서도, 단 하나의 악성 댓글이 사람의 마음을 무너뜨릴 수 있다는 현실을 잘 보여준다. 심리학에서도 부정적인 피드백 하나가 긍정적인 피드백 백 개와 맞먹는 파괴력을 가진다고 말한다.

실제로 나 역시 그동안 여러 영상에 출연하고, 언론에 노출되면서 수많은 댓글들을 마주해왔다. 그중 하나의 콘텐츠에만 부정적인 댓글의 비율이 무려 60~70%에 달하는 경우도 있었다. 유용한 정보를 공유하기 위해 열심히 준비한 콘텐츠임에도 불구하고 의심, 조롱, 악의적 추측, 그리고 심지어는 외모 평가까지 뒤따랐다. 누군가는 나의 성공을 두고 "뭔가 수상하다"며 의심했고, 관상까지 들먹이며 공격하는 사람도 있었다. 그 댓글들은 아직도 여전히 내가 출연했던 유튜브 영상과 기사 아래 그대로 남아 있다.

그럼에도 나는 한 번도 그런 댓글에 신경을 써본 적이 없다. 대신 내 콘텐츠를 긍정적으로 받아들이는 사람들에게만 관심을 둔다. 왜냐하면 그들이야말로 내 삶과 가치에 공감하는, 나와 연결된 사람들이기 때문이다.

부정적인 댓글을 다는 사람들, 그 악플러들의 말에 일일이 대응할 필요가 없다. 어차피 어떤 증거자료를 보여줘도 그들은 믿지 않을 것이고, 논쟁을 해봤자 얻는 것도 없으니 그들에게 에너지를 쓸 이유가 없다. 악플러가 가장 원하는 것은 맞대응이고, 그들이 가장 싫어하는 것은 무관심이다. 그러니 아주 쿨하게 무시해주고 흘려버리면 그만이다.

대신 나를 진심으로 아끼고 응원해주는 사람들에게 집중하라. 인간관계에서는 '다다익선'보다 '소소익선'이라는 말이 더 지혜롭고 현실적인 말이다. 진심으로 나를 아껴주는 친구 셋만 있어도 인생은 충분히 성공적이라 하지 않는가.

세상 모든 사람이 나를 좋아할 수는 없다. 아니, 그럴 필요조차 없다. 중요한 건 나와 결이 맞는 사람을 더 배려하고, 그들과 즐거운 추억을 만들면서 살아가는 것이다. 그 소수가 나를 응원하고, 이해해주고, 함께 걸어준다면 그걸로 충분하다.

자신의 지지율을 너무 신경 쓰지 마라. 다수에게 사랑받으려는 욕심은 내려놓아라. 인생은 다수가 박수칠 때 빛나는 것이 아니라, 진심으로 나를 응원해주는 사람들과 함께할 때 더욱 행복한 것이다. 언제나 나의 곁을 지켜주는 이들만 잘 챙기면서 그들과 소중한 추억을 하나씩 쌓아가기에도 너무 짧은 것이 인생이다.

Part 2

인간관계를
잘하고 싶을 때

인간관계가 인생을 바꾼다

***

삶에서 인간관계는 너무도 중요하다. 어떤 사람을 만나느냐에 따라 인생이 흥할 수도, 반대로 나락으로 떨어질 수도 있기 때문이다.

예부터 내려오는 격언을 보더라도 인간관계가 얼마나 중요한지 알 수 있다. '진정한 친구 세 명만 있어도 성공한 인생이다', '사람은 고쳐 쓰는 것이 아니다', '열 길 물속은 알아도 한 길 사람 속은 모른다'는 말들이 괜히 나온 것이 아니다.

어린 시절에는 이런 말들의 의미를 제대로 알지 못 했지만, 나이를 먹고 다양한 사람들을 겪어갈수록 그 뜻을 절실히 깨닫게 된다. 인생은 결국 '사람'을 알아가는 여정이라고 해도 과언이 아니다.

모든 사람이 나와 잘 맞을 수는 없다. 따라서 나와 잘 맞는 사람과는 진심을 다해 친분을 쌓고, 그렇지 않은 사람과는 적절한 거리두기를 하는 것이 현명하다.
나와 잘 맞는 사람이 곁에 있으면 혼자 있을 때보다 훨씬 더 큰 즐거움과 행복을 느낄 수 있다. 때론 서로의 삶을 응원하며 위로가 되어주고, 때로는 취미를 함께 하며 일상에 활력을 더할 수도 있다.
하지만 사람을 잘못 만나면 상황은 완전히 달라진다. 금전적인 손해는 물론이고, 정신적인 상처까지 받을 수도 있다. 특히 가까운 사람일수록 나의 약점을 더 잘 알고 있기에, 그런 사람이 적으로 돌아설 경우 그 피해와 상처는 더욱 크다.

그렇기에 나와 맞지 않는 사람과는 거리를 두고, 좋은 사람은 가까이하는 법을 알아야 한다. 인생에서 딱 세 명의 진정한 인연만 있어도 성공한 인생이라 하지 않던가. 굳이 많은 사람들과 관계를 맺으려 애쓰고, 그것을 유지하기 위해 과한 에너지를 쏟을 필요가 없다는 뜻이다.

떠나가는 인연에도 집착하지 마라. 어떤 이가 떠나가면 그 자리는 또 다른 인연으로 채워질 것이고, 그가 진짜 인연이라면 내 곁에 남게 될 것이다.

나는 오십 대가 된 지금까지 수많은 사람들을 만나왔다. 55만 명이 넘는 〈행복재테크〉 커뮤니티를 이끌면서 많은 모임을 가졌고, 부동산 경매 현장에서는 극한의 상황 속에서 드러나는 사람들의 민낯을 수도 없이 봐왔다. 또 여러 사업을 운영하며 돈 앞에서 사람들이 어떻게 바뀌는지도 적나라하게 겪어왔다.

사람의 본모습은 술에 취했을 때나 화를 낼 때 드러난다고 하는데, 그에 못지않게 '돈 앞'에서도 그 사람의 본모습을 확인할 수 있다. 누구든 돈 앞에서는 조금이라도 더 이익을 취하려 하고 손해를 보지 않으려는 심리가 극명하게 드러나기 때문이다. 아무리 가까운 사이일지라도 절대 동업은 하지 말라고 하는 이유가 여기에 있다. 아무리 친한 사이더라도 돈이 오가는 순간 서로의 이익 앞에서 지금까지와는 전혀 다른 모습을 보이며 좋았던 관계가 무너지는 경우를 너무나도 많이 봐왔다.

따라서 이런 불필요한 아픔을 피하기 위해서 우리는 사람을 제대로 파악하고 좋은 관계를 맺는 법에 대해 꼭 알아야 한다. 인간관계를 잘 다루는 것이야말로 행복한 삶, 그리고 성공적인 인생을 만들어가는 중요한 기술이다. 이 기술만 잘 소화하더라도 성공한 인생을 만들 수 있을 것이라 확신한다.

가까이해야 하는 사람

***

 행복한 삶을 원한다면 주변에 좋은 사람을 두어야 한다. 사람은 주변 환경의 영향을 많이 받는 존재이기 때문이다. 이는 어린아이뿐 아니라 성인도 마찬가지다. 누구와 함께 있느냐에 따라 성격이나 성향, 심지어는 삶의 방향성까지 달라지게 된다. 사람에게 '물든다'라는 표현을 쓰듯, 우리는 의식하지 못하는 사이에 주변인들에게 서서히 물들게 되는 것이다.

 한 신경정신과 여의사는 병원에 내원한 환자들을 상담할 때마다 힘든 이야기를 듣다 보니, 어느 순간 자신도 우울한 상태에 빠져 너무 지치고 힘들다고 말했다. 특히 여성의 경우에는 공감능력이 뛰어나기 때문에 힘든 상황에 있는 사람을 만나면 그 상황에 이입되어 자신도 함께 힘들어하는 경우가 많다. 실제로 알코올 중독자들을 상담하는 전문의들 중 그들과의 지속적인 접촉으로 인해 스스로 무기력증에 빠지는 사례가 많다고 보고되었다. 이처럼 주변 사람의 영향을 받는 일명 '물드는 현상'은 어린아이뿐 아니라 우리 모두에게 해당되는 것이다.

그렇다면 반대의 경우는 어떨까? 이때도 동일하다. 현재의 삶에 만족하고 행복하다고 느끼는 사람과 함께 있으면, 나 역시 기분이 좋아지고 덩달아 행복하다고 느끼게 된다. 부정적인 감정뿐만 아니라 긍정의 감정도 곁에 있는 사람에게 그대로 옮겨가기 때문이다. 그래서 좋은 사람을 만나면 긍정의 감정이 지속되면서 자연스럽게 그 사람을 계속 만나고 싶어지는 것이다.

그래서 나는 삶에서 아래와 같은 사람을 곁에 두려고 한다.

1. 현재 자신의 삶에 행복을 느끼는 사람

사람들은 행복을 거창하게 생각할지 모르지만, 나는 작은 것에도 감사하고 현재에 만족할 줄 아는 사람을 행복한 사람이라고 생각한다. 맛있는 것을 먹으면 행복감을 느끼고, 사소한 선물에도 감사하고 행복해하는 그런 사람과 함께 한다면 자신도 분명 행복해질 것이다.

2. 밝고 긍정적인 에너지를 가진 사람

나는 누군가를 만날 때 '이 사람이 밝고 긍정적인 사람인지'를 가장 먼저 본다. 불평불만이 습관이 된 사람이라면 그가 아무리 나에게 다가서려 하더라도 거리를 둔다. 그런 사람과 함께 있는 자리는 에너지를 얻는 시간이 아니라, 오히려 내 마음까지 피폐해지는 시간이 되기 때문이다.

3. 남을 배려하는 사람

사람을 볼 때 나에게 중요한 기준 중 하나는 '배려'다. 자신만 챙기는 것이 아니라, 상대를 진심으로 배려하는 사람은 주변 사람들을 행복하게 한다. 사람은 누군가에게 배려받을 때 기분이 좋아지기 마련이다.

하지만 무엇보다 중요한 것은 이런 인연을 찾기 전에 자신부터 남을 배려하는 자세를 가져야 한다는 점이다. 배려도 습관이다. 그리고 그 습관은 시간이 지나면서 그 사람의 성향으로 굳어진다. 스스로 좋은 사람이 된다면 좋은 인연이 다가올 것이다.

4. 같은 취미를 즐기는 사람

마지막으로 함께 시간을 보낼 수 있는 공통의 취미가 있는 사람이다. 아무리 좋은 사람일지라도 취향이 너무 다르면 결국 그 관계를 지속하는 데 한계가 있을 수밖에 없다. 서로가 함께 즐길 수 있는 공감대와 활동이 있어야 관계도 더욱 깊어지고, 친밀감도 커진다. 그래서 나는 등산, 여행, 운동처럼 나와 같은 취미를 갖고 있는 사람들과 좋은 관계를 이어가고 있다.

이런 사람들과 함께라면 무언가 특별히 준비하지 않아도 편안하고, 언제든 행복하고 즐거운 시간을 보낼 수 있다.

마지막으로 다시 한 번 강조하고 싶은 한 가지는, 좋은 사람을 곁에 두고 싶다면 나 자신이 먼저 그런 좋은 사람이 되어야 한다는 것이다. 인연은 억지로 쫓는다고 만들어지지 않는다. 내가 어떤 사람인지에 따라 자연스럽게 이끌려 오는 것이다.

기억하자. 내가 먼저 꽃이 되면 나비는 저절로 날아오게 되어 있다.

멀리해야 하는 사람

***

살아가며 만나는 모든 사람이 좋을 수는 없다. 따라서 인생에서 좋은 사람을 곁에 두는 것만큼 안 좋은 사람을 걸러내는 것 또한 중요하다. 잘못된 인연으로 인해 정신적·금전적으로 피해를 입을 가능성도 높고, 사람에게 받은 상처는 어떤 충격보다도 크기 때문이다.

그래서 나에게 부정적인 영향을 줄 가능성이 있는 사람은 애초에 걸러내는 것이 좋다. 불필요한 에너지 소모와 상처를 피하기 위해 어떤 유형의 사람을 멀리해야 하는지 알아보자.

1. 약속을 안 지키는 사람

이런 사람의 특징은 약속은 쉽게 하지만, 약속을 어기면 깜박했다는 등 여러 핑계를 대는 경향이 있다. 물론 갑자기 피치 못할 사정이 생길 수는 있지만, 그런 일들이 반복된다면 약속을 안 지키는 성향이라고 봐야 한다. 약속을 지키지 않으면 핑계와 거짓말을 할 수밖에 없기에, 결국 정직하지 않고 신뢰할 수 없는 사람이라 판단되는 것이다.

또한 약속을 지키지 않는 사람의 근본적인 문제는 상대방에 대한 존중과 배려가 부족하다는 것이다. 나는 시간 약속을 잘 지키는지 여부를 그 사람을 신뢰할지 판단하는 기준으로 삼기도 한다.

2. 돈 이야기를 쉽게 꺼내는 사람

주변 사람에게 적은 금액이라도 쉽게 돈을 빌리려는 사람은 멀리해야 한다. 돈을 빌리는 것도 습관이다. 한 번 돈을 빌려주면 그는 급한 일이 생길 때마다 계속 빌리려 할 것이고, 그렇게 되면 서로 불편한 사이가 되어버린다. 개인 간의 돈 거래는 하지 않는 것이 좋다. 정말 급한 일이라면 은행이나 정식 금융기관을 이용하면 될 일인데, 개인에게 돈을 빌리려 한다는 것은 이미 신용에 문제가 생겼을 가능성이 높으므로 더욱 조심해야 한다.

돈이 관련된 관계에서는 더욱 신중해야 하는 법이다. 평소에는 좋은 사람처럼 보이던 사람도 돈 앞에서는 완전히 다른 모습을 보일 수 있기 때문이다. 따라서 친한 사이일수록 돈 거래는 하지 않는 것이 좋다. 돈 문제로 인해 소중한 관계가 파괴되는 경우를 너무도 많이 봐왔다. 돈 자랑도 하지 말고, 나중에 경제적 여유가 생기더라도 적당한 핑계를 두고 정중하게 거절하는 것이 가장 좋다.

3. 남을 험담하는 사람

이들은 만나면 항상 누군가의 안 좋은 이야기를 한다. "A는 요즘 헤어졌대", "B는 뭐에 문제가 생겼대" 등 다른 사람들의 긍정적인 부분이 아닌 부정적인 면만 이야기한다.

남의 안 좋은 문제를 쉽게 얘기하는 사람을 멀리하라. 그런 사람이 다른 자리에서 나를 어떻게 말할지는 뻔하다. 어디서든 남의 험담을 하는 사람은 결국 언젠가 나의 험담도 할 것이다.

4. 주로 자신의 이야기만 하는 사람

이런 사람은 본인이 남보다 우월하다고 생각하는 경향이

있다. 모임이나 대화에서 주로 자신의 생각과 의견만을 말한다. 이런 성향의 단점은 상대방에 대한 관심과 배려가 부족하다는 점이다.

진정한 인간관계는 상호 작용을 통해 만들어진다. 서로의 이야기를 들어주며 공감할 수 있어야만 가능한 것이다. 그러나 이런 성향의 사람은 자신의 기분과 상황이 가장 중요하고, 다른 사람은 안중에도 없는 이기적인 사람이니 피하는 것이 좋다.

5. 허세를 부리는 사람

현재 자신의 처지보다 더 좋게 포장하는 유형이다. 경제적으로 더 여유 있는 것처럼 행동하고, 모르는 것을 아는 척하며, 과거의 작은 성공을 큰 성공인 양 포장한다.

허세를 부리는 사람들의 문제는 진정성이 없다는 점이다. 다른 사람의 시선을 지나치게 의식하기 때문에 진짜 모습을 알 수 없고, 겉과 속이 다른 유형이기에 진솔한 관계를 맺기 어렵다. 이들은 자신의 허세를 유지하기 위해 거짓말을 계속 반복할 수밖에 없다. 만약 어떤 사람이 아무리 자랑을 늘어놓더라도 그것이 사실인지 확인이 되지 않는다면 거리를 두는 편이 좋을 것이다.

사람을 가려서 만나는 것은 결코 이기적인 일이 아니다. 나의 삶을 행복하게 만들어가기 위한 필수적인 지혜다. 좋지 않은 성향의 사람들과 함께하면 나에게도 안 좋은 일이 발생할 가능성이 높아진다. 현명한 사람들은 이 사실을 알기 때문에 신중하게 사람을 선택하고, 필요할 때는 과감하게 거리를 둔다.

좋은 사람과 함께할 시간도 부족한데, 굳이 내 삶을 갉아먹는 사람에게 내 시간을 내어줄 필요는 없지 않은가. 한 번 맺은 인연이라 할지라도 나에게 좋지 않다고 판단되면 과감하게 관계를 정리해야 한다. 안 좋은 관계를 빠르게 정리하는 것, 그것이 곧 자신을 지키는 방법이다.

사람을 검증하는 법

***

　사람들과 어울리며 살아가는 우리는 종종 이런 고민을 하게 된다. '이 사람이 정말 믿을 만한 사람일까? 이 관계를 계속 이어나가도 괜찮을까?'
　사람을 단번에 파악하는 것은 결코 쉽지 않다. 수많은 사람을 만나봤다고 해서 잘 알 수 있는 것도 아니다. 인간은 단순한 공식이나 경험치만으로는 온전히 이해하기 어려운 존재이기 때문이다.

　그렇다면 믿을 만한 사람인지는 어떻게 검증할 수 있을까?

첫 번째, 그 사람의 '주변'을 살펴보는 것이다.

사람은 본능적으로 비슷한 가치관과 성향을 가진 사람들과 어울린다. 따라서 그의 주변 사람들을 관찰해보면 그 사람을 알 수 있다.

특히 어린 시절 친구들의 모습을 보면 그의 가장 원초적인 모습을 짐작해 볼 수 있고, 결혼 후 어떤 모습일지 알고 싶다면 그의 부모를 보면 된다. 자녀는 오랜 시간 부모와 함께 지내면서 부모의 많은 부분에 영향을 받기 때문이다. 책을 많이 보는 부모를 보고 자랐다면 자녀 역시 독서가 익숙할 것이고, 반대로 폭력적이고 무절제한 환경에서 자랐다면 자녀 역시 그런 성향을 가질 가능성이 높다. 물론 이 것만으로 그 사람을 온전히 판단할 수는 없지만 유의미한 참고가 될 것이다.

두 번째, '술'을 함께 마셔보는 것이다.

술을 마시면 긴장이 풀어져 평소보다 편한 상태의 모습을 볼 수 있다. 실제로 어떤 사람은 평소보다 더 따뜻하고 솔직한 모습을 보여주기도 하고, 어떤 사람은 평소라면 상상하지도 못할 전혀 다른 모습을 보여주기도 한다. 그래서 술자리는 겉모습이나 평소의 태도 외에 또 다른 면모를 확인할 수 있는 기회가 된다.

세 번째, '화가 났을 때 어떻게 대처하는지를 보는 것이다.
분노는 감춰져 있던 감정과 태도를 여실히 드러낸다. 의견 충돌이나 화가 났을 때, 운전할 때 등 그가 흥분한 상태에서 어떻게 반응하는지를 보면, 그 사람의 본성은 물론 관계를 어떻게 다루는 사람인지도 파악할 수 있다. 특히 연인이나 가까운 사이일수록 미래의 관계를 결정짓는 중요한 요소가 되므로 반드시 확인해 봐야 한다.

네 번째, '경제적인 성향'을 확인해보는 것이다.
지출과 저축, 투자에 대한 태도는 개인의 가치관을 고스란히 반영한다. 특히 연인이나 배우자라면 나와 같은 성향을 가진 사람을 선택하는 것이 좋고, 친구나 지속적인 관계를 유지해야 하는 사람 역시도 어느 정도 맞아야 관계를 오래 지속할 수 있다. 성향이 맞지 않으면 사소한 일상에서도 불편함이 생기기 마련이다. 예를 들어, 소비 패턴이 극명하게 다르거나 만날 때마다 매번 한쪽이 경제적 부담을 지는 경우라면 그 관계는 점점 불편해질 수밖에 없다. 나와 비슷한 소비 습관과 경제 감각을 지닌 사람일수록 건강한 관계를 유지하기가 수월하다.

다섯 번째, '약속'을 잘 지키는지를 확인하는 것이다.
작게는 시간 약속에서부터 크게는 자신의 계획이나 포부를 실제로 실행에 옮기는지를 확인하라. 언행일치가 되는 사람은 신뢰할 수 있다. 반대로 말만 번지르르하고 실행은 없는 사람 또는 여러 가지 핑계로 매번 약속을 어기는 사람이라면 다시 생각해 봐야 한다. 한두 번 사정이 생겨 약속을 지키지 못하는 경우도 있겠지만 그것이 지속적으로 반복된다면 문제가 있는 것이다. 약속을 지키는 것은 성실함을 넘어 신뢰를 쌓는 기본 요건이다.

이처럼 사람을 파악하는 방법 몇 가지를 소개했지만, 짧은 시간 안에 이 모든 것을 완벽하게 파악하는 것은 불가능하다. 그래서 누군가와 인연을 맺을 때는 천천히 시간을 두고 지켜보는 것이 중요하다. 첫인상이 아무리 좋았더라도 실망스러운 사람이 있고, 첫인상은 별로였어도 갈수록 진국인 사람도 있으니 말이다.
연인 관계라면 최소 1~2년 이상의 연애 기간을 가지면서 정말로 나와 잘 맞는 사람인지 판단해보는 것이 좋다.

그 정도 기간이라면 그의 말과 행동이 일치하는지, 그가 맺고 있는 관계들이 건강한지를 살펴볼 수 있을 것이다.

어떤 사람과 인연을 맺을 것인가는 결국 어떤 삶을 선택할 것인가와 같다. 삶의 질은 함께하는 사람들에 의해 크게 좌우되기 때문이다. 좋은 사람과 함께라면 삶은 더 좋은 방향으로 흘러간다. 그러므로 나의 마음을 온전히 내어주기 전에 상대를 충분히 검증하는 시간을 반드시 가져보길 바란다.

사람의 마음을 얻는 법

***

좋은 인연을 맺기 위해선 무엇보다 그 사람의 '마음'을 얻어야 한다. 여기서 마음을 얻는다는 것은 상대방으로부터 '언제든 믿고 의지할 수 있는 사람', '늘 내편이 되어줄 사람'이라는 신뢰를 얻는 것을 의미한다.

사람들은 누군가의 마음을 얻기 위해서는 특별한 매력이나 사회적 지위, 경제적 여건이 필요하다고 생각한다. 사람들에게 가장 많이 듣는 말 중 하나가 '나는 가진 게 별로 없어서 좋은 인맥을 갖추기는 힘들다'라는 말이다.

하지만 누군가를 처음 만날 때 그 사람이 가진 특별한

조건을 기대하고 만나는 경우는 드물다. 물론 특수한 목적을 갖고 접근하는 예외적인 상황도 있겠지만, 대부분의 평범한 만남에서는 그런 기대감보다 그 사람과 함께 있을 때 느껴지는 편안한 감정, 그리고 정서적 유대감을 기대한다. 심지어 화려한 모습의 연예인들이나 성공한 사람들도 무대 뒤에서의 만남은 일반인과 크게 다르지 않다. 사람의 마음을 얻는 것은 특별한 공식이나 정답이 있는 것이 아니다. 오히려 사소하고 평범하지만 진심 어린 태도가 관계를 결정짓는다.

그렇다면 어떻게 사람의 마음을 얻을 수 있을까?

첫 번째 방법은 '관심'이다.
사람은 자신의 이름을 기억해주는 것만으로도 감동한다. 이에 더해 취향을 기억해주면 더욱 큰 호감을 얻을 수 있다. 이것은 단순한 기억의 문제가 아니라 '당신에게 관심을 갖고 있다'는 표현이기 때문이다.
이전에 방문했던 가게에 들렀을 때 손님의 취향을 기억하고 "오늘도 같은 걸로 준비해드릴까요?"라고 묻는 점원이 있다면, 손님은 그 말 한마디에 기분이 좋아져 다시 그곳을 찾는 단골손님이 될 것이다. 관심은 이렇게 관계의 시작점이 되어준다. 따라서 친해지고 싶은 상대가 있다면 이름과 취향을 기억해두자.

두 번째, 그 사람의 장점을 파악하고 '진심으로 칭찬하는 것'이다.
나는 누군가를 만날 때마다 그 사람의 장점을 먼저 보려고 노력한다. 사람은 누구나 인정받고 싶은 욕구가 있다. 그래서 진심으로 자신의 장점을 알아봐주고 칭찬해주는 사람이 있다면, 자연스럽게 마음이 열리고 그에 대한 좋은 감정을 갖게 된다.
사람은 '좋은 사람'과 '나쁜 사람'으로 나뉘는 것이 아니다. 다만 '좋은 관계'와 '좋지 않은 관계'가 있을 뿐이다. 상대의 장점을 더 많이 보려고 노력하고, 마음을 다해 칭찬하라. 그렇게 한다면 분명 더 좋은 관계를 얻을 수 있을 것이다.

세 번째, '선물'을 하는 것이다.
선물이라고 하면 아부나 청탁을 떠올리는 사람이 많다. 하지만 내가 말하는 선물은 크고 거창한 것이 아니다. 어떤 의도를 가진 선물을 말하는 것도 아니다. 단지 상대에 대한 관심과 호감을 표현하는 수단이라고 생각하면 된다. 마음은 표현해야 알 수 있는 법이다. 아무 표현도 하지 않으면서 그저 알아주기만을 바라는 것은 지나친 욕심이다.

만약 호감이 가거나 좋은 관계를 맺고 싶은 사람이 있다면, 그에게 작은 선물을 해보라. 아무리 작은 것이라도 선물은 전하는 사람의 마음을 담고 있기에 상대에게 그 진심이 전해질 것이다. 비싸고 대단한 것일 필요도 없다. 오히려 상대의 취향이나 관심사를 고려한 것이라면 더 좋은 선물이 될 수 있다.

사람의 마음을 얻는 세 가지 방법을 살펴보니 어떠한가. 이 정도는 누구나 지금 당장이라도 할 수 있을 것이다. 사실 사람의 마음을 얻는 것은 어렵지 않다. 관심을 갖고, 진심으로 다가선다면 얼마든지 그 사람의 마음을 얻고, 좋은 관계를 맺을 수 있다.

입을 닫고 귀를 열어라

***

　말이 많은 사람은 실속이 없다. 말이 많으면 종종 자기가 모르는 분야에서도 아는 척을 하게 되고, 결국 말실수로 이어지기 쉽다. 또한 말이 많은 사람은 상반된 의견이 나왔을 때도 자신의 주장만을 고집하는 경우가 많아 깊이 있는 인간관계를 맺기가 어렵다. 설령 친해 보이더라도 진짜 신뢰가 쌓이는 것이 아닌, 겉도는 관계에서 그치기 십상이다.

　인간관계에서는 말을 잘하는 사람보다 잘 듣는 사람이 훨씬 더 호감을 얻는다. 특히 상대의 이야기에 진심으로 공감하고, 적절한 질문을 더해가며 대화를 이끄는 사람은 어디에서든 인정받는다.

나 역시 전문가로서 의견을 피력해야 하는 자리가 아니라면, 주로 듣는 편이다. 평소 사람들과 어울릴 때에도 말하기보다 듣기를 우선하고, 비즈니스 미팅에서도 상대의 말을 더 많이 들으려 노력한다. 그렇게 말을 아끼고 상대의 이야기를 집중해서 들으면, 그가 정말로 원하는 것이 무엇인지 파악할 수 있어 협상을 내가 주도할 수 있게 된다.

말을 많이 하는 사람은 자기 생각과 지식 안에 갇히게 되지만, 듣는 사람은 스펀지처럼 타인의 지식과 경험을 흡수한다. 결국 말만 하는 사람은 자신의 한계 속에서 맴도는 반면, 경청하는 사람은 상대의 말에서 핵심을 찾아내고, 그 사람의 진짜 욕구와 감정까지 읽어낸다. 그래서 이런 사람에게는 자연스럽게 정보와 신뢰가 쌓여 더 많은 기회가 찾아온다.

사람은 누군가 자신의 이야기를 진심으로 들어준다고 느낄 때, 상대에게 호감을 느끼고 마음을 열게 된다. 이것이 바로 깊이 있는 경청을 해야 하는 이유다.

우리는 종종 말을 통해 자신을 드러내려 하지만, 진정 현명한 사람은 듣는 데 집중한다. 깊이 생각한 후 꼭 필요한 말만 하고, 그 외에는 조용히 귀를 기울인다. 그들은 불필요한 말로 자신을 드러내기보다, 상대의 말에서 더 많은 정보를 얻고, 이를 바탕으로 올바른 판단을 내리는 데 집중한다.

듣는다는 것은 단순히 침묵하는 것이 아니라, 진정으로 상대를 이해하고자 하는 배려이며 좋은 인간관계를 위한 최고의 기술이다.

진정한 대화는 듣는 것에서부터 시작된다. 앞으로는 많은 이들과의 대화 속에서 입을 닫고 귀를 열어보라. '말을 잘하는 사람'이 아닌 '잘 들어주는 사람'이 더 많은 것을 얻고, 더 깊이 이해하며, 더 강한 신뢰와 영향력을 갖게 된다는 사실을 깨닫게 될 것이다.

호응만 잘해도
좋은 인맥이 갖춰진다

***

 "야, 나 진짜 괜찮은 아이디어가 생각났어!" 친구가 눈을 반짝이며 말한다. 그 순간, 당신이 할 수 있는 최고의 반응은 무엇일까? 단순히 "아, 그래?"하고 건성으로 넘기기보다 "와, 정말? 너는 항상 새로운 아이디어가 넘쳐나는 것 같아!"라고 호응해주면 어떨까? 그 말 한마디에 상대방은 당신이 자신을 진심으로 인정해주고 있다는 느낌을 받을 것이다.

 사람들은 자신을 잘 이해해 주는 사람을 좋아하고, 그런 사람에게 마음을 연다. 그래서 좋은 인간관계 역시 상대의 말에 진심으로 공감하고 반응하는 데에서 시작된다. 상대의 말에 호응하는 것은 그저 단순한 한마디 말처럼 보이지만, 사실은 관계를 형성하는 강력한 도구이다. 대화가 끝난 후에도 좋은 인상을 남기는 사람은 말솜씨가 뛰어난 사람이 아니라 상대의 이야기에 귀 기울이고 긍정적으로 호응한 사람이다.

'정말 멋지다', '네 생각은 항상 기발해', '대단하다', '언제나 네게 많이 배운다'와 같은 말들은 단순한 칭찬을 넘어, 상대에게 인정받고 있다는 강한 감정적 만족을 준다. 이는 단순한 대화의 기술이 아니라, 상대의 존재를 존중하고 지지하는 태도에서 나오는 표현이다. 그래서 이러한 호응은 상대의 자존감을 높이고, 대화를 더욱 풍성하게 만든다.

호응의 효과를 극대화하려면 구체적인 표현이 좋다. 예를 들어 단순히 "정말 멋지다"라고 말하는 것보다는 "네 아이디어는 언제나 정말 신선해", "너는 문제를 항상 새로운 시각으로 보는 능력이 있어"와 같이 상대가 어떤 점에서 뛰어난지를 구체적으로 칭찬해 주면 훨씬 더 효과적이다. 이런 말은 상대에게 긍정적인 에너지를 전달하며, 더 좋은 아이디어와 자신감을 끌어내는 힘을 가지고 있다.

　사람들은 자신을 이해해 주는 사람과의 관계를 오래 지속하고 싶어 한다. 그래서 누군가의 이야기에 진심으로 호응해 줄 때, 상대는 '이 사람이 나를 이해해 주고 있구나'라고 느끼며 자연스럽게 호감을 갖는 동시에 신뢰를 쌓아간다. 이렇듯 좋은 관계는 화려한 말솜씨보다 상대의 감정을 이해하고 공감하는 태도에서 비롯된다.

　이러한 호응은 단순한 인맥 형성을 넘어, 깊이 있는 관계를 맺을 때에도 중요한 요소이다. 많은 사람들이 좋은 인맥이라 하면 단순히 여러 사람을 아는 것이라고 오해하는 경우가 많다.
　그러나 진정한 인맥은 깊이가 더해진 관계이다. 이러한 관계는 상대의 생각을 존중하고, 그 사람이 느끼는 감정을 이해하려는 노력이 더해질 때 만들어진다.

　사람들은 우리가 한 말의 내용은 쉽게 잊는다. 하지만 어떤 감정을 주었는지는 오래 기억한다. 호응은 상대를 인정하고 존중하는 태도다.

이제부터 누군가의 이야기에 진심으로 반응해 보자. 그 한 마디의 호응이 관계를 더 깊어지게 하고, 더 좋은 인맥을 만들어 줄 것이다.

겸손한 사람이
관계도 인생도 성공한다

***

성공적인 인간관계를 위해 꼭 필요한 덕목이 무엇인지 묻는다면 나는 언제나 '겸손'을 말한다. 겸손은 자신을 무조건 낮춘다는 의미가 아니라, 나 자신을 드러내지 않고 누구에게든 배우려는 열린 마음으로 상대방의 말을 경청하는 것을 의미한다.

겸손한 사람은 태도부터가 다르다. 늘 상대의 장점을 보려고 노력하기 때문에 상대에 대한 칭찬을 많이 한다. 그리고 겸손한 사람에게는 감사가 늘 따라다닌다. 상대방에게 무언가를 얻거나 배웠다면 감사와 칭찬으로 겸손한 마음을 표현하기 때문이다.

나는 사람은 늘 겸손해야 한다고 강조한다. 사람이 아무리 잘났어도 모든 분야를 잘할 수는 없다. 한 분야 혹은 몇 개의 분야에서 조금 더 잘하는 것이지 모든 분야를 섭렵하기는 어렵기 때문이다. 그래서 사람은 죽을 때까지 배우고 성장해야 하는 것이다.

하지만 겸손하지 못한 사람은 스스로를 모든 면에서 완벽하다고 생각하고, 다른 사람의 의견은 경청하지 않은 채 자신만의 시선으로 세상을 바라본다. 그래서 겸손을 잃는다는 것은 배움의 한계에 다다르는 것을 의미하고, 동시에 성장의 끝을 의미한다. 또한 겸손하지 않아 다른 사람을 무시하는 사람은 그로 인해 결국 인간관계도 잃게 된다. 즉, 아무리 성공했더라도 겸손을 잃으면 한순간에 모든 것을 잃게 되는 것이다.

달라이 라마는 "자신의 단점 하나를 아는 것이 다른 사람의 단점 하나를 아는 것보다 훨씬 유용하다"고 말했다. 이는 우리가 다른 사람의 결점을 보기 전에 먼저 자신의 부족함을 돌아보고 겸손해야 한다는 의미다. 스스로를 냉정하게 바라보고 개선할 점을 찾아 끊임없이 배우려는 자세, 이것이야말로 진정한 성장으로 가는 길이다.

겸손은 단순한 미덕이 아니다. 그것은 삶을 대하는 태도이며, 더 나은 자신을 만들어가는 과정이다. 겸손함으로 배움을 멈추지 않고, 열린 마음으로 타인의 조언을 받아들이는 사람만이 결국 더 나은 인생을 만들어갈 수 있다.

삶을 겸손하게 대하자. 그러면 결국 누구보다 높은 곳까지 오른 자신을 발견하게 될 것이다.

다름을 인정하라

***

우리는 가족, 친구, 직장 동료 등 가까운 사람들이 나의 기준에 맞춰 생각하고 행동하길 기대한다. 또 내 의견에 항상 동조해주길 바라고, 그렇지 않을 때에는 서운함이나 답답함을 느끼기도 한다.

하지만 인생을 살아가며 깨닫게 된 중요한 진리 중 하나는 사람은 모두 다르다는 사실이다. 각자 자라온 환경과 경험이 다르기에 생각과 행동 또한 다를 수밖에 없다. 그래서 누군가를 내 뜻대로 바꾼다는 것은 결코 쉬운 일이 아니다. 그건 마치 거센 물살을 거꾸로 돌리려는 것과도 같다.

우리는 상대의 생각과 행동을 바꾸기 위해 설득하면서 자신이 원하는 대로 변화할 것을 기대한다. 하지만 대부분의 경우 상대는 자신의 입장을 고수하거나 오히려 그런 시도로 인해 좋았던 관계마저 악화되는 경우가 많다. 아무리 좋은 의도를 가지고 있더라도 마찬가지다.

'사람은 고쳐 쓰는 것이 아니다'라는 말처럼 사람의 천성은 쉽게 바뀌지 않기 때문에 사람을 계몽하거나 교화하려는 시도는 소용이 없을지도 모른다.

실제로 많은 전문가들은 교도소 수감자 중 상당수가 자신의 잘못을 인식하지 못한다고 말한다. 대부분의 죄수들은 자신이 잘못했다고 생각하지 않고, 범죄의 원인이나 책임을 외부에서만 찾는다고 한다. 아무리 흉악범일지라도 자신의 행동이 잘못되었다고 생각하기보다 누군가 원인을 제공했기 때문에 살인을 했고, 가난하기에 도둑질을 했다고 생각한다는 것이다.

이는 데일 카네기의 「인간관계론」에서도 확인할 수 있다. 사람은 자신의 행동을 비판받으면 방어적으로 반응하고, 오히려 자신을 정당화하려는 경향을 보인다는 것이다.

결론적으로 우리는 타인을 쉽게 바꿀 수 없다. 그러니 인생을 잘 살아가기 위해서는 다른 사람을 굳이 바꾸려고 애쓰지 말고, 비판하지도 말자. 대신 나와 잘 맞는 사람을 골라내는 것이 훨씬 더 좋은 선택이다. 이 세상은 '나와 맞는 사람을 찾는 게임'이라고 해도 과언이 아니다.

결혼도 마찬가지다. 대부분 배우자를 선택할 때 처음에는 외모, 학력, 경제적 여건 등 외적인 부분을 우선시 한다. 그런데 막상 결혼해 보면 그런 외적인 부분보다 생활 패턴과 생각의 차이로 힘들어하는 경우가 더 많다. 아무리 불타는 사랑으로 결혼을 했어도 함께 생활하다보면 서로 다른 점을 발견하게 되고, 각자의 기준으로 판단하고 행동하다 보면 싸움이 잦아져 결국 헤어지는 상황까지 이르게 된다.

그러니 아무리 사랑하는 사이라도 서로는 본래 다름을 인지하고, 배우자를 자신의 기준에 맞춰 바꾸려고 해서는 안 된다. 그보다는 배우자를 선택할 때 충분한 시간을 두고 지켜보면서 나와 잘 맞는 사람을 찾는 것이 더 지혜로운 방법이다.

세상에는 나와 같은 사람이 존재할 수 없다. 모든 사람은 각자의 환경과 경험 속에서 살아왔기에 서로 다른 가치관과 신념을 갖고 있다. 나와 다른 사람을 만난다고 해서 꼭 문제가 생기는 것도 아니다. 단지 서로 더 많은 이해가 필요할 뿐이다.

사람은 자신이 존중받는다고 느낄 때 비로소 마음을 열게 된다. 그래서 강요가 아닌 이해를 통해서만 관계가 깊어지고, 변화의 가능성이 생길 수 있다.

그러니 누군가를 바꾸려 하지 말고, 그 사람을 있는 그대로 받아들여라. 다름을 인정하고 상대를 이해하기 시작할 때 관계도 더 좋아지는 법이다.

감정을 지배하는 사람이
인생을 지배한다

***

우리는 살아가면서 화가 나는 순간들을 수없이 마주한다. 예상치 못한 상황에서 부당한 대우를 받거나 누군가 내 감정을 자극할 때 분노는 자연스럽게 솟구치기 마련이다. 화가 나는 것은 어쩔 수 없지만, 중요한 것은 그 순간에 어떻게 반응하느냐이다. 실제로 화를 잘 다스릴수록 인간관계도 건강하게 유지되며 인생이 평탄해진다.

그렇다면 어떻게 화를 다스릴 수 있을까?

화를 다스리기 위해 가장 먼저 해야 할 일은 즉각적인

반응을 피하는 것이다. 화가 날 때 3초, 5초만이라도 멈추고 생각해 보면 감정이 한층 가라앉는 것을 느낄 수 있다. 그 몇 초가 감정적인 반응이 아니라 논리적인 판단을 할 수 있게 해주기 때문이다. 그래서 단 몇 초의 멈춤이 나중에 큰 결과의 차이를 만들어 내기도 한다.

화가 날 때 바로 반응하게 되면 대개는 후회하게 된다. 누구든 이런 경험이 있을 것이다. 순간적인 감정을 조절하지 못해 상대에게 상처 주는 말을 하고, 이후에는 아무리 사과해도 돌이킬 수 없는 상황에 놓인 그런 경험 말이다. 그래서 분노가 일어났을 때 즉각적으로 말하거나 행동해서는 안 되는 것이다.

또 하나의 효과적인 방법은 잠시 그 장소를 떠나는 것이다. 사람은 공간과 분위기에 크게 영향을 받는다. 그래서 잠시 분노를 유발한 공간에서 벗어나 신선한 공기를 마시고, 심호흡을 몇 차례 하면 신기하게 화가 가라앉는 것을 느낄 수 있다.

실제로 성공한 사람들의 특징을 살펴보면, 그들은 단순히 업무적인 능력만 뛰어난 것이 아니라 자신의 감정을 다스릴 줄 아는 능력이 탁월하다. 화를 제대로 다스리지 못하는 사람은 결국 상대로 하여금 신뢰를 잃게 되고, 순간적인 감정에 휩쓸려 좋은 기회를 놓치기도 한다. 반면 감정을 통제할 줄 아는 사람은 어떤 상황에서도 침착함을 유지하고, 더 멀리 나아갈 수 있다. 그래서 화를 다스린다는 것은 단순한 인내가 아니라, 보다 긴 안목으로 삶을 바라보는 전략이다.

나 역시 화가 나는 상황을 종종 마주하지만, 그럴 때마다 '과연 내가 화를 내서 이 상황이 더 좋아질 것인가'를 생각해 본다. 만약 어떤 직원이 실수를 하였고, 그 실수가 돌이킬 수 없는 상황이라면 크게 꾸짖는 것보다 앞으로 더 잘할 수 있게 조언을 해 주는 편이 더 현명한 태도일 것이다. 그런데 반대로 누군가 실수를 할 때마다 내가 분노를 표출했다면 어땠을까? 아마 지금 내 곁에 남아있는 직원은 단한 명도 없었을 것이다.

돌이켜보면, 20~30대의 나와 지금의 나는 감정을 다루는 방식에서 큰 차이가 있다. 과거에는 미숙함으로 인해 쉽게 분노하고 제어하기 힘들었다면, 이제는 스스로 감정을 조절할 수 있게 되었다. 이러한 나의 경험상 감정 조절 능력은 선천적인 것이 아니라 연습과 훈련을 통해 충분히 개선할 수 있는 것이다.

화를 내는 것은 상대에게 가하는 행동이 아니라 결국 내 마음과 정신을 상하게 하는 일이다. 그러니 화를 다스려라. 감정을 지배할 수 있는 사람만이 결국 자신의 인생도 지배하는 법이다.

힐링되는 진짜 인맥 쌓기

***

흔히 인맥이라 하면 정계, 재계, 학계 등에서 형성된 유대관계를 떠올린다. 주변에 괜찮은 인맥이 형성되면 할 수 있는 일의 폭이 넓어지기에 사람들은 어떻게든 이런 인맥을 만들려고 하는 것이다.

물론 본인이 속해 있는 분야 외에 다른 분야의 사람과 인연을 맺고 있으면 여러모로 도움이 되는 부분이 많다. 예를 들어, 어떤 제품의 도매상과 친분이 있다면 소비자 가격보다 훨씬 저렴하게 물건을 구입할 수 있을 것이고, 병원에 인맥이 있다면 몸이 아파서 병원에 갈 일이 생겼을 때 병원의 접수부터 치료까지 도움을 받을 수도 있다. 이외에도 각 분야의 담당자를 알고 있으면 업무 처리가 보통의 경우보다 훨씬 수월해진다. 그래서 사람들은 인맥을 만들기 위해 불필요한 모임에 나가 시간을 보내곤 하는 것이다.

하지만 이런 인맥을 쌓기 위해서는 본인도 어느 정도 성공을 했거나 다른 이에게 이득을 줄 수 있어야 한다. 상대방도 분명 도움을 받을 수 있는 사람을 만나고 싶어 할 것이기 때문이다.

그런데 나는 인맥에 관해 조금은 다른 생각을 갖고 있다. 나이 오십을 넘기고 보니 형식적인 인맥을 만들기 위해 들이는 시간과 에너지가 아깝다는 생각이 든다. 인맥을 만들고 유지하기 위해서는 평일 저녁이나 휴일에 모임도 종종 가져야 하고, 평소에도 연락을 하며 관계를 챙겨야 한다. 세상에 공짜로 얻어지는 것은 하나도 없듯 이런 관계를 위해서는 당연히 정성을 기울여야 하는 것이다. 하지만 이런 시간이 반복되면 내 시간은 그만큼 부족해지고, 목적만 앞세운 인맥의 경우 진정성 없이 껍데기만 남기도 한다.

그래서 나는 만남을 가질 때 상대의 직업이나 전문성을 염두에 두고 친분을 쌓지 않는다. 그런 인맥은 만들어둬도 오래가지는 않기 때문이다. 직장에 다니면서 맺었던 인맥이 직장을 그만두거나 은퇴하면 사라지게 되는 것처럼 말이다. 이런 인맥은 마치 모래성과 다름없다. 그러니 인맥 부자라고 외치는 사람을 부러워할 필요가 없는 것이다.

나는 인맥이라는 말보다 '친구'라는 말을 더 좋아한다. 언제든 만나면 편안함을 느낄 수 있는 사람, 편한 복장으로 만나서 억지로 주제를 생각하지 않더라도 자연스럽게 대화가 되는 그런 사람이 좋다. 이런 친구와의 시간은 나에게도 충전의 시간이 되고, 관계 유지를 위한 노력도 즐거움이 된다. 함께 여행을 하거나 운동, 식사를 하더라도 그 시간이 상대에게 잘 보이거나 비위를 맞추는 시간이 아니라, 그저 편안하고 힐링되는 시간인 것이다. 이런 관계야말로 내가 추구하는 인맥이다.

그런데 신기한 것은 아무 목적 없이 그저 편하고 좋아서 만든 이런 인맥이 어떤 일이 발생했을 때 도움이 된 경우가 많았다는 것이다. 나와 친분을 맺은 그 사람이 전문성을 갖고 있지는 않지만, 그 사람이 다른 친구를 소개해주기도 하면서 예상치 못한 기회로 연결되는 경우도 많았다. 세상은 좁아서 서너 다리만 거치면 다 아는 사이라는 말도 있지 않은가.

이처럼 처음부터 계산하지 않고 본인과 편하고 잘 맞는 사람을 사귀면 평소에도 편하고, 오히려 어떤 상황에서든 훌륭한 인맥으로 작용할 수 있다.

나는 다수의 사람과 얕게 사귀는 것보다 소수의 사람과 진한 관계를 맺는 것을 더 좋아한다. 그래서 내가 다른 사람을 만나면 무엇을 얻을 수 있는지를 생각하지 않고, 무엇부터 줄 수 있는지를 생각한다.

나의 경우에는 먹거리 중에 좋은 것이 있으면 조금 더 많이 구입하여 지인들에게 보내주곤 한다. 이런 선물은 명절에 하는 것이 아니라 평소에 하는 것이 좋고, 비싼 선물이 아니더라도 나의 마음을 담을 수 있는 선물이면 충분하다.

그리고 내가 선물을 줬다면 그것을 돌려받으려고 하지 않는다. 경조사가 있을 때에도 마찬가지다. 진심으로 축하해주고 위로해주면 그걸로 충분하다.

많은 사람들이 인간관계를 기브 앤 테이크(give and take)라고 하지만 이는 하수들이 쓰는 표현이다. 진정한 인맥을 쌓고 싶다면 '기브 앤 테이크' 대신 '기브 앤 포겟'(give and forget)을 하라. 이렇게 살아가다 보면 당장은 손해를 보는 것 같지만 결국 훨씬 더 많은 것을 얻게 될 것이다.

사람들은 모두 변한다

***

어릴 때는 '영원한 친구'라는 말을 그대로 믿었다. 그러나 관계는 영원할 수 없고 가까웠던 사람도 어느 순간 떠나가고 멀어질 수 있다는 사실을, 시간이 지나면서 깨닫게 되었다.

인생이라는 긴 여정에서 사람들은 각자의 목적지를 향해 나아가기에, 언젠가는 갈림길을 만나 서로 다른 방향을 택할 수밖에 없다. 그러니 인연에 너무 얽매이거나 집착하지 말자.

오랫동안 함께 한 사람이, 또는 그와의 관계가 변해서

속상한가? 함께한 시간들이 아무것도 아닌 게 된 것 같아서 허무한가? 오랜 관계의 변질 앞에서는 당연히 그런 마음이 들 수 있다. 그런 감정 또한 지금의 내 마음이니 있는 그대로 인정해주자.

대신 어느 정도 마음을 추스렀다면 빠르게 현실을 받아들이고, '왜 그렇게 되었는가'보다 '앞으로 어떻게 해야 할지'에 집중해야 한다. 떠난 인연을 억지로 붙잡으려 하기보다는 서로의 다름을 인정하고 담담히 놓아주는 것이 더 현명한 선택이다.

사람은 누구나 변한다. 나도 변하고 주변 사람들도 변한다. 이 단순한 진리를 받아들이는 순간, 우리는 관계에 대한 불필요한 집착에서 벗어날 수 있다.

그리고 누군가와 멀어지는 것이 항상 나쁜 것만은 아니다. 부담스럽고 무거웠던 관계의 짐에서 자연스럽게 해방되는 것이기도 하며, 때로는 적당한 거리에서 서로를 존중하는 관계로 전환되는 것이기도 하다. 살다보면 너무 가까운 것보다 약간의 거리를 둔 관계가 더 오래가는 인연이 되기도 한다.

누군가가 변했다고 해서 실망할 필요도 없다. 오히려 변화를 인정하고 새로운 관계의 가능성을 찾아가는 것이 더욱 현명하다. 떠나간 관계를 아쉬워하기보다는 변화 속에서 다가올 새로운 만남을 기대하는 것이 훨씬 더 의미 있는 일이다.

무엇보다 관계의 변화에 흔들리지 않으려면 혼자서도 잘 지낼 수 있는 사람이 되어야 한다. 혼자만의 시간을 잘 보내는 사람은 함께 있을 때도 건강한 관계를 맺을 수 있다. 다른 사람에게 너무 의지해서도 안 된다. 누군가에게 지나치게 의지하면 상대는 그만큼 부담을 느끼기 때문이다. 함께 있으면 '함께라서 좋고', 혼자 있으면 '혼자라서 좋고'라는 마음으로 살아간다면 적당한 거리 안에서 가장 이상적인 관계가 만들어질 것이다.

앞으로의 인생에서도 만남과 헤어짐은 계속될 것이며, 오늘 나를 웃게 했던 사람이 내일은 나를 울게 하는 사람이 될 수도 있다. 그러니 관계의 변화를 두려워하고 집착하기보다 있는 그대로 인정하고 받아들이는 연습을 하자.

부정적 감정에 빠져 자신의 소중한 인생을 허비하지 않길 바란다. 대신 나에게 더 좋은 인연이 찾아올 것을 믿고 기다리자. 그것이 내 삶을 사랑하는 동시에 지키는 방법이다.

인생에서 적을 만들지 마라

***

*"인생의 기술 중 90%는 내가 싫어하는 사람과
잘 지내는 방법에 관한 것이다."*
– 사뮤엘 골드윈

살아가면서 가장 피해야 하는 것이 무엇인 줄 아는가? 그것은 바로 나를 증오하는 '적'을 만드는 것이다. 적이란 나를 해치기 위해 기회를 엿보는 사람, 어떻게든 내가 망가지고 무너지길 바라는 사람이다.

적이 생기면 공개되기를 원치 않는 나의 약점이나 실수

가 공개되기도 하고, 내가 그동안 애써 쌓아온 성과와 성공이 한 순간에 무너질 수도 있다. 실제로 10명의 친구로부터 얻는 이득보다 1명의 적으로 잃는 것이 훨씬 더 많을 수 있다. 그래서 삶에서 친구를 만드는 것보다 더 중요한 것은 바로 적을 만들지 않는 것이다.

그렇다면 인간관계에서 적은 어떻게 만들어질까?
적은 대부분 누군가를 비난하거나 무시하는 등 상대에게 모욕감을 주었을 때 생긴다. 따라서 의견이 대립되는 상황일지라도 다른 사람의 감정과 자존심에 상처 주는 말을 함부로 해서는 안 된다.

미국 대통령 에이브러햄 링컨도 젊은 시절 자신도 모르게 적을 만드는 실수를 한 적이 있다. 그는 정치인 제임스 쉴스에 대해 익명으로 풍자하는 편지를 신문에 기고했다. 농담처럼 가볍게 쓴 글이었지만, 쉴스는 이에 심한 모욕감을 느꼈고, 결국 링컨에게 실제 검으로 하는 결투를 신청하기에 이르렀다. 대결 날짜까지 정해져 둘은 목숨을 걸고 싸울 뻔했으나, 다행히 주변 사람들의 중재로 최악의 상황은 피할 수 있었다.

이 사건 이후 링컨은 깊이 깨달았다. 누군가를 조롱하거나 공개적으로 비난하는 것은 그의 목숨을 걸 정도로 상대방에게 모욕적인 것이고, 결국 자신도 목숨을 잃을 만큼 위험할 수 있다는 사실을 말이다.

이 일을 계기로 링컨은 타인을 쉽게 비난하지 않고, 상대를 이해하며 설득하는 방법을 배우기 시작했다. 그는 자신의 신념을 지키면서도 불필요한 갈등을 피하는 방법을 터득했고, 이러한 태도는 이후 그가 미국 역사상 가장 존경받는 지도자가 되는 데 큰 영향을 미쳤다.

우리는 수없이 많은 사람들과 대화하며 살아간다. 실제 대화뿐 아니라 SNS를 비롯한 온라인상에서도 끝없이 소통한다. 이때 설사 내가 조금 더 많이 알고, 조금 더 많이 가졌다 하더라도 타인의 자존심을 상하게 하는 말을 해서는 안 된다.

타인과 다른 의견을 내지 말라는 것이 아니다. 누군가와 의견 충돌이 생겼을 때 자신의 의견은 설득력 있게 피력하되, 항상 상대방을 존중하고 인격적으로 무시해선 안 된다는 것이다.

본인이 누군가에게 모욕을 당했을 때도 마찬가지다. 너무 쉽게 감정이 흔들리거나 흥분하여 그 사람과 똑같이 맞대응하지 말고, 흘려보낼 수 있는 여유가 있어야 한다. 모난 사람은 흘려보내면 그만이지만, 그 상황을 참지 못하고 대립하게 되면 순식간에 적 하나가 만들어지는 것이다.

따라서 자신의 마음 그릇을 키울 필요가 있다. 이런 상황에서도 불필요한 다툼을 피하고, 상대를 용서하고 조용히 보내줄 수 있는 사람이야말로 진정으로 강한 사람이다.

반면 '복수'라는 단어를 사용하는 사람은 옹졸하고 쉽게 흥분하며, 감정 조절이 잘 안 되는 경우가 많다. 그래서 그런 사람은 가급적이면 멀리하는 것이 좋다.

복수는 복수를 낳는 법이다. 부당한 행동에는 반드시 그에 상응하는 결과가 따른다. 안 좋은 일을 당했을 때 어떻게 대응할지는 자신의 선택이지만, 그 선택이 가져올 결과 또한 결국 자신이 감당해야 할 몫임을 잊지 말자.

사람이기에 누구나 화를 낼 수 있다. 나 역시 필요할 땐 화를 낸다. 그러나 화를 낼 때 극도로 흥분을 하거나 상대의 자존심에 상처가 되는 말은 하지 않는다. 화를 내는 상황이 되더라도 나중에 관계 회복이 가능한 수준에서 멈춰야 한다. 그래야 나중에 상대가 잘못을 인정했을 때 서로 미안하다며 악수하고 원래 관계로 돌아갈 수 있다. 그렇지 않고 감정을 조절하지 못해 선을 넘으면 결코 자신에게도 이롭지 않다.

인생은 좋은 사람을 만나 즐기기만 해도 시간이 부족하다. 감정적으로 대응하며 불필요한 다툼에 자신의 소중한 시간을 낭비하지 말고, 더 의미 있는 목표와 가치를 향해 나아가는 데 시간을 사용하자. 적을 만들며 살아가기엔 우리의 인생은 참으로 짧고, 살아갈 날은 너무나 소중하다.

세상을 바꾸려 하지 마라

***

세상에는 크게 두 부류의 사람이 있다. 세상의 불공정함을 탓하며 늘 불평불만을 늘어놓는 사람과 그런 현실 속에서도 자신만의 신념을 가지고 긍정적으로 살아가는 사람이다.

전자의 사람들은 늘 회사, 직장 상사, 정치인 및 주변 사람들 등 자신을 둘러싼 외부 환경이 문제라고 말한다. 물론 살다 보면 세상이 공정하지 않을 때도 있고, 문제가 되는 사람이 있을 수 있다. 하지만 그들이 그렇게 불평불만을 한다고 해서 달라지는 게 있을까? 오히려 자신의 감정도 망가지고 부정의 기운만 더할 뿐이다.

　반면 후자의 사람들은 같은 상황에서도 긍정적인 면을 생각하고, 그 속에서 자신이 할 수 있는 것을 찾아 해나가면서 성장하는 인생을 만들어간다.

　나는 외부 환경의 모순에 크게 관심을 두지 않는다. 불평불만을 한다고 해서 외부가 바뀌는 것도 아니고, 어차피 내가 바꿀 수 없는 것에 에너지를 쓰는 건 결국 시간 낭비라는 사실을 알기 때문이다.
　대신 내가 노력하여 바꿀 수 있는 것에 집중한다. 시선을 부정이 아닌 긍정에 두고, 내가 노력해서 이룰 목표에 집중하다 보면 세상의 모순 따위는 중요하지 않게 된다. 놀라운 건, 이처럼 긍정의 사고로 바꿔 나에게 집중하다 보면 결국엔 내 인생 전체가 달라지기 시작한다는 사실이다.

　불평하는 사람과 그렇지 않은 사람은 결국 다른 인생을 살게 될 수밖에 없다. 같은 환경에서 살아도 마음가짐과 관점이 다르면 인간관계도 달라진다. 유유상종이라는 말처럼 부정적인 사람은 자신과 비슷한 사고를 가진 사람들과 주로 대화하며 모임을 갖게 되고, 긍정적인 사람은 긍정적인 태도를 지닌 사람들과 연결될 수밖에 없다. 결국 시간이 흐를수록 이들의 삶의 격차는 크게 벌어질 수밖에 없다.

살아보니 인생은 주어진 환경보다 그 환경을 대하는 태도가 훨씬 중요하다. 그러니 세상이 바뀌지 않는다고 모순이 많다고 불평하지 말고, 자신이 바꿀 수 있는 것에 집중하라.

세상을 대하는 이 작은 관점의 변화만으로도 당신의 삶은 더 긍정적이고 훨씬 더 풍요로워질 것이다.

Part 3

행복하고
싶을 때

건강해야 행복도 온다

***

어떤 삶을 살고 싶은지 물으면 대부분이 "행복하게 살고 싶다"고 답한다. 그런데 "행복하기 위해 가장 필요한 것은 무엇인가?"라는 물음에는 명확하게 답하는 경우가 드물다. 답을 하더라도 대부분 '돈'을 최우선 순위로 말한다.

중국 고전에는 이런 말이 있다.
"재산을 잃으면 가진 것의 일부를 잃고, 명예를 잃으면 절반을 잃는다. 그러나 건강을 잃으면 모든 것을 잃는 것이다."
이는 삶에서 건강이 얼마나 중요한 요소인지를 보여준다.

나에게 행복의 조건을 하나만 꼽으라면, 망설임 없이 무조건 '건강'을 택할 것이다. 건강은 공기처럼 늘 곁에 있어서 평소에는 그 소중함을 잊고 지내다가 막상 잃고 나면 그제야 그 가치를 깨닫게 된다.

사실 억만금을 주고도 되돌릴 수 없는 것이 바로 건강이다. 세계에서 가장 성공한 인물이면서 거부의 반열에 올랐던 스티브 잡스도 예외는 아니었다. 그는 56세라는 이른 나이에 생을 마감하며 병상에서 이런 말을 남겼다.
"명예도 재산도 죽음 앞에서는 무의미하다. 돈이 많아서 타인을 얼마든지 고용할 수는 있지만, 대신 아파해줄 사람은 없다."
세상 모든 것을 가졌다고 여겨진 그의 말이었기에 더 큰 울림이 느껴진다.

부를 쌓는 것도 중요하지만, 그보다 더 앞서야 하는 것이 바로 건강을 지키는 일이다. 건강해야 행복도 오는 법이다.

실제로 행복한 사람은 건강을 유지하려는 마음이 커서 스스로 절제하며 노력한다. 흡연을 삼가고 음주를 줄이며 규칙적으로 운동하고 건강한 식습관을 유지하려고 애쓴다. 이런 습관은 심혈관계 건강과 면역력 강화, 스트레스나 우울증 등의 위험까지 낮춰주는 효과가 있다. 결국 건강한 사람이 행복하고, 행복한 사람이 더 건강해지는 선순환이 만들어지는 것이다.

그렇다면 어떻게 해야 건강하고 행복한 삶을 지속할 수 있을까?

첫째, 건강을 삶의 최우선 가치로 두어야 한다.
바쁜 일상에 쫓겨 건강을 뒷전으로 미루는 사람들이 많다. 하지만 그 대가는 언젠가 반드시 치르게 되어 있음을 기억해야 한다. 건강은 하루아침에 만들어지지 않는다. 오랜 시간 좋은 습관이 쌓여야 비로소 얻을 수 있는 것이다.
전문가들도 입을 모아 말한다. 보약이나 건강보조식품보다 더 효과적인 것은 '꾸준한 운동'과 '올바른 식습관'이라고 말이다. 특히 건강을 지키기 위해선 몸에 좋은 것을 챙겨 먹는 것보다 몸에 해로운 음식을 멀리하는 것이 훨씬 더 중요하다. 과자, 탄산음료, 가공육, 인스턴트 식품 등 달고 맛있는 것들이 결국 우리의 건강을 망가뜨리는 주범이다.

둘째, 마음 건강도 함께 챙겨야 한다.

건강한 신체만큼이나 중요한 것이 건강한 마음이다. 나에게 긍정의 기운을 주는 사람들과 어울리고, 가족이나 친구들과 따뜻한 시간을 보내고, 자신만의 취미 활동을 즐기는 것. 이런 것들은 정서적 만족감을 높여주어 결국 몸의 건강에도 좋은 영향을 주게 된다.

마음 건강을 위해선 만병의 근원이라 불리는 스트레스 관리도 필수다. 운동, 명상, 그리고 충분한 수면은 스트레스 지수를 낮추고 몸과 마음을 건강하게 유지하는 데 중요한 역할을 한다.

셋째, 행복한 순간들을 의도적으로 만들어가라.

행복을 느끼는 능력 또한 훈련이 필요하다. 매일 감사한 일 한 가지씩을 적어보거나, 좋아하는 활동을 의식적으로 계획하는 것도 좋은 방법이다. 작고 소소한 기쁨들을 자주 경험하는 것, 이것이 결국 인생 전반의 행복도를 높이는 비결이다.

생각해보면 건강한 몸으로 오늘을 살아가는 것 자체가 행복이다. 아침에 눈을 떠 무리 없이 하루를 시작할 수 있는 것, 사랑하는 사람들과 함께 웃고 대화를 나눌 수 있는 것, 내가 하고 싶은 일을 마음껏 할 수 있는 것, 이 모든 것들이 건강하기에 가능한 것이다.

더 늦기 전에 스스로의 건강을 챙기고, 지금 이 순간의 행복을 온전히 누릴 수 있도록 노력하라. 건강은 행복과 별개의 목표가 아니라 행복의 출발선임을 기억하길 바란다.

행복은 셀프다

***

 어릴 때부터 우리는 살아가면서 어느 정도의 희생은 당연하고, 부를 쌓았더라도 검소하게 사는 것이 마치 정답인 것처럼 배우며 자랐다.

 하지만 나는 그렇게 생각하지 않는다. 열심히 살고 목표를 달성했다면, 자신에게 그에 맞는 충분한 보상을 주어야 한다. 목표를 향해 달려가는 과정 속에서도 스스로를 즐겁게 이끌 수 있어야 한다. 이것이 스스로 행복한 삶을 만들어가는 방법이라고 생각한다.

예전에 한 TV 프로그램에서 본 장면이 아직도 인상 깊다. 여성 진행자가 노인정에 계신 80대 시골 할머니들에게 소원이 무엇인지 물었다. 그러자 할머니들은 이구동성으로 "10년만 젊었으면 좋겠다"고 답했고, 이어 "70대로 돌아간다면 살림, 밭일 등 아무것도 하지 않고 여행만 다니고 싶다"고 말했다. 여전히 잘 걸어다닐 수 있던 시절에 하루도 쉬지 않고 일만 한 것이 너무 후회된다는 이야기였다.

이는 비단 할머니들만의 이야기가 아니다. 대부분의 사람들이 아무리 열심히 살았더라도 마지막 순간에는 해보지 못했던 것에 대한 후회를 한다고 한다. 사랑하는 이들과 더 많은 시간을 보내지 못했던 것, 스스로 자유를 온전히 누리지 못했던 것, 그리고 나 자신을 더 아끼지 못했던 것에 대한 후회를 말이다.

그러니 이제부터는 스스로를 행복하게 만들어보자.

나는 항상 기분 좋은 상태를 유지하려고 노력한다. 물론 기분이라는 건 환경이나 타인에 의해 쉽게 좌우될 수 있다. 그래서 더더욱 나의 감정을 스스로 컨트롤하는 연습이 필요한데, 그 바탕에는 우선 긍정적인 사고가 깔려 있어야 한다. 나는 어떤 상황에서도 '앞으로는 더 좋아질 것'이라는 믿음을 갖고 걱정이나 부정적인 생각은 아예 하지 않는다.

그리고 자신이 무엇을 좋아하는지 명확히 아는 것이 중요하다. 좋아하는 음식, 음악, 가고 싶은 장소, 갖고 싶은 것들까지 크고 작음을 떠나 나를 즐겁게 해주는 모든 요소들을 틈틈이 적어두어라. 여행, 고급자동차 구입 등 버킷리스트에 적어두는 거창한 계획도 좋지만, 평소 갖고 싶었던 소소한 물건들도 메모해둔다. 그렇게 나를 기분 좋게 하는 나만의 행복 목록이 만들어졌다면 이제 필요할 때마다 하나씩 실행하면 된다.

물론 행복에는 경제적 여유 등 외적인 환경도 영향을 미친다. 하지만 성공한 많은 이들이 입을 모아 이야기하듯 '돈'은 분명 필요하지만, 그것이 인생의 전부는 아니다. 돈은 삶의 수단이지, 행복한 삶의 목적 그 자체가 되어서는 안 된다.

가장 근본적인 행복의 열쇠는 평소에 언제든 자신을 챙길 수 있는 스스로에게 있다는 것을 명심하라.

행복을 위한 노력은 결코 거창할 필요가 없다. 중요한 것은 자신이 지치지 않도록 스스로에게 꾸준히 보상을 해주는 것이다.

힘든 하루를 보낸 자신을 격려하고, 작은 성취에도 기쁨을 느끼며 틈틈이 자신이 원하는 것을 보상해주어라. 이렇게 자신을 소중히 여기고, 원하는 것을 하나씩 채워나가는 과정 자체가 행복을 만드는 과정이다.

진정으로 행복한 사람은 자신을 아낄 줄 아는 사람이다. 자신을 소중히 여기지 않으면 아무리 많은 것을 가져도 만족할 수 없고, 행복할 수 없다. 그러나 지금 이 순간을 온전히 즐길 줄 알고, 스스로에게 아낌없이 보상할 줄 안다면 작은 것에도 행복을 느끼게 될 것이다.

행복은 셀프다. 오늘 하루도 열심히 살아낸 당신 자신에게 작더라도 보상을 건네보자. 이런 작은 행동으로 사소한 행복들이 쌓이면, 결국 행복한 날들이 계속 이어질 테니 말이다.

평생 즐길 수 있는 취미를 만들어라

***

이제는 주변 어르신들의 모습만 봐도 '100세 시대'라는 말이 실감난다. 노화 연구가 거듭되면서 인간의 기대수명은 계속 늘어나고 있고, 그 이상의 수명도 곧 현실이 될 것이다. 우리의 삶은 유년, 청년, 중년, 노년으로 나뉘는데, 수명이 길어지면서 가장 긴 기간을 보내야 하는 구간은 '노년'이 되었다.

따라서 긴 노년을 잘 살아내기 위한 준비는 이제 선택이 아닌 필수가 되었다. 영화도 해피엔딩일 때 더 아름다운 것처럼 인생도 노년이 행복해야 진짜 행복한 삶이라 할 수 있다.

행복한 노후를 위해선 '건강'과 '경제적 여유'를 확보해두는 것이 필요하다. 그리고 의외로 많은 사람들이 놓치고 있는 것이 바로 '취미'인데, 나이가 들어서도 삶의 활력을 느낄 수 있는 취미도 꼭 챙겨야 한다. 사실 취미는 젊어서부터 만들어두면 노년에도 능숙하게 즐길 수 있어 삶의 질이 확연히 높아지는 것을 느낄 수 있다.

나 역시 사회초년생 시절에는 오직 경제적 기반을 다지기 위해 달려왔다. 어느 정도 경제적 기반을 다진 후에야 비로소 취미를 하나씩 시작할 수 있었다. 젊은 시절에 경제적 여유를 만들어 둔 것도 좋았지만, 취미가 하나둘 늘어날 때마다 느꼈던 삶의 만족감은 상상하지 못할 만큼 컸다.

마흔을 넘긴 후부터 다양한 운동 취미를 하나씩 배우기 시작했다. 그중 수영과 배드민턴은 실내에서도 가능해 계절과 날씨에 구애받지 않고 즐길 수 있어 좋았고, 스키와 골프는 자연 속에서 여유와 건강을 함께 챙길 수 있어 매력적이었다. 덕분에 체력은 점점 더 좋아졌고 일상의 스트레스도 자연스럽게 해소되었다.

사회에 자리를 잡은 30~40대부터는 즐길 수 있는 운동 취미를 하나씩 늘려가는 것을 추천한다. 특히 운동 취미를 고를 때는 지금뿐만 아니라 노년까지도 계속해서 즐길 수 있는 것이면 더욱 좋다.

가령 테니스나 배드민턴은 재미도 있고 운동량도 많지만, 오랜 기간 하다보면 관절에 무리가 가고 부상 위험도 큰 편이다. 그래서 동호회 회원들도 중장년 나이를 넘기면서 부상으로 인하여 자연스럽게 운동을 그만두는 것이 일반적이다. 마라톤도 마찬가지다. 중년까지는 건강 유지에 도움이 되지만, 노년에는 무릎 관절 부담으로 지속하기가 어려울 수밖에 없다.

이렇듯 젊을 때 즐기던 운동이 나이가 들어서 평생 취미로 이어지지 않는 경우가 많기 때문에 처음부터 이런 점을 고려해서 취미를 선택하면 좋다.

예를 들어, 골프나 스키는 노년에도 즐길 수 있는 운동이다. 실제로 스키장에 가면 70~80대의 시니어 스키어들을 어렵지 않게 볼 수 있는데, 인생을 즐기는 그 모습이 여유롭고 멋스럽게 느껴진다.

그중 골프는 단순한 스포츠가 아니라, 자연 속에서 여유를 즐기며 사회적 교류까지 할 수 있는 취미이다. 실제로 많은 사람들이 골프를 시작한 후 스트레스 해소와 정신적 안정 효과를 경험했다고 말한다. 골프의 경우 비용 부담이 있을 수 있지만, 평일 골프장을 잘 이용한다면 비용 문제도 많이 해소할 수 있을 것이다(*직장인도 연차를 활용하면 평일 골프를 즐길 수 있다*).

이외에도 노년까지 즐길 수 있는 취미라면 무엇이든 좋지만, 특히 운동처럼 신체를 활용하는 활동적인 종목을 추천한다. 몸을 움직이는 취미는 스트레스 해소뿐 아니라 체력과 건강까지 챙길 수 있는 최고의 선택이다. 즐겁게 운동하면서 긴장도 풀고, 오히려 새로운 에너지를 얻을 수 있다면 이 얼마나 좋은 일인가.

새로운 것을 시작할 때는 늘 두렵고 어렵게 느껴진다. 하지만 오늘 선택한 취미 하나가 내일의 삶을 바꾸고, 노후의 행복까지 결정짓는다면 안 할 이유가 있을까.

나이 들어 소파에 앉아서 TV 리모컨만 누르고 있는 사람과 야외에서 운동을 즐기는 노인의 행복 수준은 비교조차 되지 않는다.

 그러니 지금부터 천천히, 하나씩 취미를 늘려가 보자. 지금의 작은 선택이 훗날 삶의 만족도를 결정지을 것이고, 그렇게 당신은 '늙어서도 즐길 수 있는 삶'을 살게 될 테니 말이다.

감사는 지금 이 순간을
선물로 만든다

***

"행복하려면 무엇부터 해야 할까요?"

이런 질문을 받을 때마다 나는 주저 없이 '감사일기' 쓰기를 권한다. 많은 사람들이 '감사'를 대수롭지 않게 생각하지만, 감사의 진정한 의미를 제대로 이해하고 활용한다면 평범한 삶을 완전히 바꿀 수도 있다.

감사하는 마음은 삶에서 매우 강력하게 작용한다. 감사할 줄 아는 사람은 쉽게 무너지지 않는다. 감사하는 마음은 자연스럽게 긍정적인 사고를 하도록 해주기 때문에 어려움이 닥치더라도 견뎌낼 힘을 갖게 되는 것이다.

오프라 윈프리를 모르는 사람은 없을 것이다. 미국은 물론 전 세계에서 가장 영향력 있는 여성으로 꼽히는 그녀는 감사일기를 통해 인생을 완전히 바꾼 대표적인 인물이다.

그녀의 유년 시절은 정말 참혹했다. 지독하게 가난한 가정에서 태어났고, 10대 시절 사촌오빠와 삼촌에게 수시로 성폭행을 당해 14살이라는 어린 나이에 원치 않는 임신을 하며 미혼모가 되기도 했다. 그런데 예정일보다 일찍 낳은 아이는 2주 만에 세상을 떠났고, 이런 힘든 상황이 지속되자 그녀는 결국 마약에도 손을 댔다. 심지어 자살까지 생각하게 되었다.

절망의 끝자락까지 내몰려 자포자기하려는 바로 그 시점에서 오프라는 감사일기를 쓰기 시작했는데, 그녀는 이것이 자신 인생의 터닝포인트가 되었다고 말한다.

이후 그녀는 미국 전역에서 최고의 평가를 받는 '오프라 윈프리 쇼'를 통해 큰 사랑을 받았으며, 세계 최초의 흑인 억만장자이자 세계에서 가장 영향력 있는 여성으로 평가받게 되었다.

이처럼 감사일기는 아무리 힘든 상황 속에서도 스스로 일어설 수 있는 힘을 주는 강력한 지지대 역할을 한다. 동시에 목표가 있는 사람에게는 강한 동기부여를 주고, 목표를 달성하기까지 지속할 수 있는 원동력이 되어주기도 한다.

또한 늘 감사하는 태도로 사람들을 대하다 보면 인간관계 역시 훨씬 원만해진다. 가족이나 친구, 동료들에게 고마움을 전하는 작은 행동 하나가 관계를 더욱 깊게 만들고, 따뜻한 유대감을 형성하기 때문이다.

감사의 힘은 과학적으로도 입증되었다. 실제로 우울증을 앓고 있는 환자들에게 매일 감사한 것들을 떠올린 후 감사일기를 쓰게 했는데 놀라운 결과가 나타났다. 우울증세가 1주일 만에 절반 가까이 감소했고, 행복지수는 3배 이상 증가한 것을 확인할 수 있었다.

이뿐만이 아니다. 감사하는 마음을 가지면 스트레스 호르몬인 코르티솔 수치가 낮아져 정신적 안정과 면역력 강화에도 긍정적인 영향을 준다는 것이 확인되었다.

감사는 지금 이 순간을 선물로 바꾸는 힘이 있다. 우리가 가진 것을 소중히 여기고, 매 순간 감사하는 태도를 가질 때 삶은 더욱 따뜻하고 풍요로워진다.

행복은 먼 미래에 오는 것도 아니고, 더 많은 것을 가져야만 찾아오는 것도 아니다. 지금 내 앞에 놓인 것들과 지금까지 당연하게 여겼던 순간들 속에서 감사할 이유를 찾을 때 비로소 진정한 만족을 경험하게 된다.

감사는 단순한 감정이 아니다. 삶을 변화시키는 작은 실천이다. 매일 하루를 마무리하며 감사한 일들을 떠올려보자. 따스한 햇살, 건강한 몸, 한 끼 식사, 누군가의 다정한 말 한마디, 소소한 성취감 등 자신은 물론, 주변을 둘러보면 감사할 이유를 얼마든지 찾을 수 있을 것이다. 이런 순간들을 인식하고 감사하는 습관이 쌓일 때, 우리는 삶을 더 행복하게 살아갈 수 있다.

감사일기를 쓴다는 것은 진정한 감사가 무엇인지 알게 된다는 의미이기도 하다. 힘든 시기에는 더욱 절실하게 감사할 것들을 찾게 되고, 좋은 일이 있을 때는 그 기쁨이 배가 될 것이다.

감사일기는 특별한 기술이 필요한 것도 아니고 많은 시간이 걸리는 것도 아니다. 단지 하루의 끝에서 잠시 멈춰서 '오늘 감사한 일이 무엇이었는지'를 되돌아보는 것,

그뿐이다.

 오늘부터 하루에 3~5가지만이라도 감사일기를 써보면 어떨까? 일정한 시간에 하면 더욱 효과가 있으므로, 자신에게 알맞은 시간을 정해 하나의 좋은 습관으로 만들어보자. 감사일기와 함께한 하루만큼 더 행복한 당신이 되어 있을 것이다.

※ *하루의 감사일기 예시*

_____년 ___월 ___일
- 눈부신 햇살을 맞으며 하루를 시작할 수 있음에 감사합니다.
- 건강한 몸으로 운동할 수 있음에 감사합니다.
- 늘 나와 함께하는 좋은 사람들이 곁에 있음에 감사합니다.
- 하루하루 성장할 수 있게 되어서 감사합니다.

고독을 즐길 수 있어야 한다

***

사람은 사회적 동물이다. 혼자서는 살 수 없고, 다른 사람들과 함께 어울려 살아가야 하기 때문이다. 하지만 타인과의 관계만큼이나 중요한 것이 있는데, 바로 혼자 있는 시간, 즉 고독을 즐길 줄 아는 자세이다.

대부분의 사람들은 혼자가 되는 순간을 낯설어하고 두려워한다. 하지만 혼자 있는 시간은 인간관계에서 고립되는 시간이 아니라 나 자신을 더 잘 이해하고 감정을 정리할 수 있는 소중한 기회가 된다.

실제로 역사를 보면 많은 사상가와 예술가들이 고독 속

에서 깊은 통찰과 창조적 영감을 얻었다. 우리 역시 일상 속에서 혼자 있는 시간을 의미 있게 보낼 수 있게 된다면, 정서적 안정감을 키우는 것은 물론 더 큰 성장을 이뤄낼 수 있을 것이다.

그런데 왜 많은 사람들이 혼자 있는 시간을 불편하고 외롭다고 느끼는 것일까? 이유는 단순하다. 혼자만의 시간이 찾아왔을 때 그 시간에 대한 준비가 되어 있지 않아 뭘 어떻게 해야 할지 모르기 때문이다.

그러므로 우리가 가장 먼저 해야 할 것은 고독을 대하는 생각을 바꾸는 것이다. 고독을 어떻게 생각하느냐에 따라 그 시간은 고통의 시간이 되기도 하고, 반대로 행복의 시간이 되기도 한다. 고독을 외로움으로 생각한다면 그 시간이 두렵고 싫을 것이고, 반대로 온전히 자유로운 나만의 시간으로 생각한다면 더없이 소중한 시간이 될 것이다.

나는 주변 사람들과 잘 어울리지만 혼자만의 시간도 좋아한다. 고독의 시간은 '혼자 있는 시간'이 아니라 '나 자신과 함께하는 시간'이다. 이때는 지난 나를 돌아볼 수 있고, 앞으로의 삶을 계획할 수 있어서 이 시간을 좋아한다.

실제로 나는 혼자 있는 시간에는 글을 쓰기도 하고 산책하며 생각을 정리하고 스스로 충전하는 시간을 갖는다. 내가 지금까지 집필한 6권의 책과 사업 구상도 대부분 이 고독의 시간에 완성된 것이었다.

고독의 시간을 의미 있고 행복하게 보내려면 혼자서도 즐길 수 있는 취미를 만들어두는 것도 좋다. 독서, 영화, 악기, 등산, 운동 등 평소에는 시간이 없어서 못했던 것들을 하는 것이다. 휴일이라고 잠만 늘어지게 자거나 아무것도 하지 않고 무료하게 하루를 보내면, 허탈감만 생기고 컨디션도 더 떨어졌던 경험은 누구나 해봤을 것이다.

노인이 되어서도 아무것도 하지 않는 사람은 외로움을 크게 느끼지만, 식물을 가꾸거나 그림을 그리고 책 읽는 취미가 있는 노인은 혼자 있어도 외로움을 덜 느낀다고 한다. 이처럼 고독의 시간을 어떻게 활용하느냐에 따라 삶의 질은 확연히 달라진다.

그리고 역설적으로, 혼자 있는 시간을 잘 활용할 줄 아는 사람일수록 오히려 더 건강한 대인관계를 형성할 수 있다. 자신의 내면을 충분히 들여다본 사람은 다른 사람을 있는 그대로 받아들이는 힘이 생기고, 관계에서 불필요한 의존이나 과민한 반응도 줄일 수 있다. 따라서 혼자 있는 시간을 통해 자신의 감정을 이해하고 조절하는 능력이 향상되면 타인과의 관계에서도 보다 여유로운 태도를 갖게 되는 것이다.

가끔은 혼자 여행을 떠나보는 것도 좋은 방법이다. 낯선 곳에서 혼자 계획을 세우고 선택하는 과정 속에서 자기 주도성이 강화되고, 새로운 경험을 통해 자신의 내면을 더욱 깊이 들여다볼 기회를 가질 수 있기 때문이다. 이런 과정들은 궁극적으로 혼자 있는 시간을 보다 의미 있게 만들고, 스스로를 성장시키는 데 큰 도움이 된다.

현대 사회는 하루 종일 스마트폰과 소셜 미디어, 그리고 각종 복잡한 인간관계로 가득하다. 그래서 정작 자신의 생각과 감정을 돌아볼 시간이 부족하기에 때로는 의도적으로 단절을 선택해야만 한다. 외부의 소음에서 벗어나 스스로와 마주하는 시간은 자신의 정신건강을 위해서도 필수다. 혼자 있는 법을 익히고 그 시간을 온전히 받아들이면, 자기 자신과도 더 친숙해지고 동시에 내면의 힘도 키울 수 있게 된다.

혼자 있는 것은 결코 고립이 아니다. 오히려 자신의 내면을 탐색하고 성장할 수 있는 기회다. 그러니 고독을 즐겨라. 고독을 즐기는 것이야말로 진정한 관계와 성장의 시작점이 될 테니 말이다.

자연인처럼 행복하게 사는 법

***

MBN의 〈나는 자연인이다〉는 10년 넘게 방영되고 있는 장수 프로그램이다. 장수 프로그램이라는 것은 정말 많은 사람들의 관심을 지속적으로 받고 있다는 것을 의미한다.

우리는 누구나 한 번쯤 자연 속에서 여유롭게 살아가는 삶을 꿈꿔본다. 그래서 이런 프로그램을 통해 팍팍한 도시의 삶을 내려놓고 자연 속에서 자유롭게 살아가는 사람들의 모습을 보며 대리만족하는 것이 아닐까.

나 역시 어렸을 때 시골에서 자랐고, 지금도 자연을 워낙 좋아하기에 자연인 프로그램을 오랫동안 시청해왔다.

오랜 시청을 통해 난 자연인들이 산속으로 들어가게 된 계기는 크게 두 가지로 나뉜다는 사실을 알게 되었다.

첫 번째는 사회생활을 하면서 고칠 수 없는 병을 얻은 경우이고, 두 번째는 사람에게 큰 배신이나 상처를 받은 경우였다. 일부러 이런 분들만 섭외를 한 것인지는 모르겠지만, 돈이 많고 여유가 있어 제2의 전원생활을 하는 사람보다는 사회와 단절된 채 깊은 산속에 들어가 있는 사람들이 대부분이었다.

많은 자연인들이 산속 생활을 선택하게 된 가장 큰 이유가 인간관계에서 오는 스트레스 때문이었다고 말했다. 깊은 자연으로 들어와 모든 사람과 연락을 끊고 살다보니 사람들에게 받는 스트레스가 사라지면서 마음도 편해지고 몸도 건강해졌다는 것이다. 이를 통해 인간관계에서 오는 스트레스가 우리 삶에 얼마나 큰 영향을 끼치는지 새삼 깨달을 수 있었다.

진행자가 자연인들에게 홀로 사는 삶이 어떠한지를 물었을 때 대부분 대답은 비슷했다. 가끔 외로운 것만 빼면 모든 것이 너무 좋고 행복하다는 것이다. 그러면서 앞으로 죽을 때까지 다시는 사회로 돌아가지 않을 것이라 말했다.

하지만 이런 도피만이 정답은 아니다. 자연이 좋아서 산속에서 사는 것은 좋지만 혼자서 자급자족을 해야 하는 것은 결코 만만한 일이 아니기 때문이다. 손재주가 있거나 농사에 관한 지식이 있다면 모르겠지만, 이것이 아니라면 버텨내기도 힘들 것이다. 그래서 실제로는 TV에서 보여지는 낭만적인 부분보다 불편한 부분이 훨씬 더 많을 것이라 생각한다.

그렇다면 자연인처럼 깊은 산속에 들어가 고립되는 것 말고는, 행복하게 사는 방법은 없는 것일까? 딱 두 가지 요건만 갖추면 가능하다.

첫 번째, 인간관계를 정리하는 것이다.
우리는 좋은 사람뿐 아니라 그렇지 않은 사람과도 관계를 맺게 되는데, 안 좋은 인간관계 부분을 잘 정리할 수 있다면 관계에서 오는 스트레스를 줄이고 삶의 균형을 찾을 수 있다.

만약 반복적으로 스트레스를 유발하는 상대가 있다면 절대 마음속에 담아두기만 해선 안 된다. 그와의 접촉이 일시적인 것인지 아니면 지속적으로 발생할 것인지를 생각하여, 그와의 접촉이 계속 유지될 수밖에 없는 상황이라면 그 문제를 적극적으로 해결하는 것이 좋다. 직접 만나서 이 상황에 대해 말하거나 직장이나 모임 안에서라면 누군가에게 말해 조정을 해보는 것도 방법이다.

때론 진심을 담아 얘기하면 상대의 태도가 달라지는 경우도 있다. 이때는 상대방의 부당한 행위에 대해서만 불평을 해선 안 되고, 자신의 태도에는 문제가 없었는지도 확인해야 한다. 나의 행동 교정과 함께 상대의 행동 변화도 요청하는 것이 좋다.

그리고 직장이나 모임에서는 나와 말이 통하는 사람 한두 명쯤은 꼭 만들어두는 것이 좋다. 외톨이는 공격 당하기 쉽지만 내 편이 있을 경우에는 부당하거나 억울한 상황에 처했을 때 더 지혜롭게 대처할 수 있기 때문이다. 다만, 말이 너무 많거나 남의 험담을 많이 하는 사람이라면 거리를 두는 것이 좋다. 그런 사람은 언젠가 나의 얘기도 안 좋게 할 가능성이 높기 때문이다.

그러니 나에게 스트레스를 주는 관계는 적극적으로 정리를 해나가자. 아예 만남을 갖지 않는 것도 방법이지만, 부득이 만남을 유지해야 하는 상황이라면 적극 대처하여 관계를 조정해야 한다.

두 번째, 나만의 '쉼터'를 만드는 것이다.
깊은 산속이 아니더라도 어딘가에 나를 충전할 수 있는 쉼터를 만드는 것이다. 이런 공간은 사람에게 편안함과 행복감을 주기 때문에 남녀노소 모두에게 나만의 쉼터를 추천한다.

사람마다 충전이 되는 공간에 대한 정의는 다를 수 있지만, 대부분의 사람은 자연 속에서 면역력이 올라가고 힐링이 된다. 특히 숲은 피톤치드처럼 인체에 좋은 요소들이 가득하기 때문에 몸과 마음을 치유해준다. 물론 휴양림이나 캠핑장도 좋지만 그곳은 언제든 갈 수 있는 곳이 아니기에 자연과 가까운 곳에 언제든 갈 수 있는 나만의 쉼터를 만들어두면 좋다. 언제든 가서 쉴 수 있고, 텃밭이 있어 열매를 비롯한 작은 수확을 얻을 수 있다면 더욱 좋다.

　돈이 많아야만 이런 별장을 가질 수 있을 것이라 생각하겠지만 그렇지 않다. 저렴한 시골 땅을 구입하여 카라반이나 농막을 놓아두면 누구든 어렵지 않게 자연인의 삶을 살 수 있다.
　최근 인구감소로 인해 지방의 주택을 추가로 갖거나 이동식 주택을 활용하여 사는 것이 더욱 수월해졌으므로, 여행을 다니다가 정말 마음을 편하게 만들어주는 곳이 있다면 그곳을 기억해두었다가 나만의 쉴 수 있는 공간으로 만들어보자.

　요즘은 5도 2촌이라는 표현이 있는데, 평일 5일은 도심에서 일하고 주말 2일은 시골에서 휴식을 취하는 라이프스타일을 말한다. 주 4일제 근무도 논의가 되고 있고 충분히 재택근무도 가능한 시대이기에 앞으로 이런 삶은 현실적인 대안이 될 수 있을 것이다.
　이런 공간이 있으면 나뿐만 아니라 지인들을 초대하여 바베큐 파티도 하고, 물놀이도 하면서 다 함께 힐링하는 시간도 자연스럽게 가질 수 있다. 그래서 나는 주변 사람들에게도 이런 공간을 가져볼 것을 적극 추천하고 있다.

 물론 이때도 해당 마을의 사람들과도 너무 과하게 어울리지 않고, 내가 쉴 수 있는 정도로만 친분을 맺는 것이 좋다. 그곳에서 깊은 관계를 맺게 되면 좋은 점도 있겠지만 혹여 또 다른 관계적 스트레스가 생길 수 있기 때문이다. 그래서 나는 마을 속으로 들어가는 것보다는 마을에서는 조금 떨어진 소음과 관심에서 벗어날 수 있는 곳을 더욱 선호한다.

 TV속 자연인은 세상과 단절된 삶을 택했지만, 우리는 세상과 연결된 채로도 충분히 행복할 수 있다. 나만의 자연 공간을 가진 자연인의 삶을 꼭 한 번쯤 경험해 보길 바란다. 삶의 스트레스가 줄어드는 것을 넘어 삶이 훨씬 풍성해지는 것을 느끼게 될 것이다.

돈이 있어야 더 행복하다

***

나는 유년 시절 시골에서 정말 가난하게 자랐기에 가난이 무엇인지 누구보다 잘 알고 있다. 가난하면 정말 많은 것들을 참아내야 한다. 영화 〈기생충〉에서 묘사된 것처럼 쾌쾌한 반지하 같은 열악한 곳에서의 생활을 견뎌야 하고, 먹고 싶은 것, 입고 싶은 것 등 돈이 있어야 할 수 있는 모든 것들을 참아야만 한다.

어렸을 때 친구들이 사 먹던 100원짜리 아이스크림조차 살 수 없어서 늘 부러워하고 참았던 기억이 있다. 부모님께 고기가 먹고 싶다고 청바지가 입고 싶다고 졸라도 그것이 이뤄질 수 없는 현실을 깨닫고부터는 점차 원하는 것을 참는 아이가 되었다.

돈이 없어도 행복할 수 있다고? 웃기지 마라. 정말 가난해보지 않았기에 할 수 있는 말이다.

많은 사람들이 여전히 "돈이 행복의 전부는 아니다"라고 말한다. 하지만 이 말은 경제적 여유가 있는 사람들에게나 해당되는 이야기다. 돈이 없으면 일상을 유지하는 것조차 벅차고 행복을 논할 여유마저 없다. 이처럼 돈은 단순한 물질이 아니라 우리가 원하는 삶을 만들어가는 데 꼭 필요한 연료이다.

최근 소득이 높을수록 삶의 만족도가 높다는 통계가 발표되었다. 이는 경제적 안정이 주는 심리적 여유가 행복에 중요한 영향을 미친다는 것을 보여준다. 돈이 많다고 해서 무조건 행복한 것은 아니지만, 최소한의 경제적 여유가 있어야 원하는 것을 선택하고 누릴 수 있는 자유가 생긴다.

나는 지긋지긋한 가난에서 벗어나고 싶었고 정말 부자

가 되고 싶었다. 그래서 젊은 시절부터 부동산 투자와 사업 등 다양한 분야를 공부하며 경제적 자유를 이루기 위해 노력해왔다. 그 과정에서 돈이 많을수록 내가 원하는 삶을 현실로 만들 수 있고, 선택할 수 있는 기회가 많아진다는 사실을 깨닫게 되면서 돈의 중요성을 다시 한 번 실감했다.

이처럼 돈이 주는 행복은 단순한 소비의 즐거움에서 끝나지 않는다. 돈이 있으면 좋은 환경에서 살 수 있고, 원하는 경험을 하며 사랑하는 사람들에게 더 많은 것을 해줄 수 있는 기회가 생긴다. 자녀에게는 더 나은 교육 환경을 만들어줄 수도 있고, 주위에서 누가 아프거나 어려움에 처했을 때에는 직접적인 도움을 줄 수도 있다. 반대로 돈이 부족하면 생활의 기본적인 부분에서부터 제약이 생기고, 이는 심리적 압박과 불안으로 이어진다. 그래서 돈의 여유가 있는 사람이 마음의 여유도 있는 것이고, 남을 배려하면서 선행도 베풀 수 있는 것이다.

결국 돈은 곧 자유이며, 우리가 선택할 수 있는 삶의 폭을 넓혀주고 원하는 인생을 살 수 있도록 도와주는 수단이다. 돈이 있으면 우리가 진정으로 원하는 일을 선택할 수 있고, 그 선택이 곧 행복으로 이어진다.

하지만 돈은 그냥 따라오는 것이 아니다. 마치 악기를 배우듯이 돈을 버는 방법에도 학습이 필요하다. 정말 다행인 것은 누구든지 마음만 먹으면 돈을 벌 수 있다는 사실이다.

내가 무일푼에서 시작해 투자와 사업을 통해 크게 성공했듯 나에게 돈을 버는 방법을 배운 많은 사람들 역시 평범한 삶에서 벗어나 경제적으로 여유 있는 삶을 살게 되었다.

경제적 자유를 이루기 위해서는 돈을 바라보는 태도가 중요하다. 돈을 좋아하고 부자가 되겠다는 것은 결코 경박한 생각이 아니다. 욕심을 부리는 것은 오히려 좋은 것이다. 욕심이 있어야 목표가 생기고, 사람은 목표가 있으면 더 노력하게 되는 법이다. 그러니 보통사람보다 더 부를 쌓겠다고 마음먹는 것부터 시작하라.

돈이란 참 요상한 존재다. 우리를 힘들게도 하지만, 동시에 더 나은 길로 나아갈 수 있도록 밀어주는 가장 강력한 원동력이 되기도 한다.

다시 한 번 말하지만, 돈은 단순한 물질이 아니라 우리의 삶을 풍요롭게 만드는 도구이다. 따라서 돈을 벌고 관리하는 능력은 곧 행복을 설계하는 능력이라 할 수 있다.

경제적으로 여유를 만들어놓고, 그 후에 진정한 행복을 찾는 것. 그것이 우리가 나아가야 할 방향이다.

사촌이 땅을 사면 기분이 좋다

***

　세상에는 두 부류의 사람이 있다. 남의 성공을 진심으로 축하해주고 기뻐하는 사람과 자신과 비교하며 배 아파하는 사람이다.

　'사촌이 땅을 사면 배가 아프다'는 속담이 있다. 아무리 가까운 사람일지라도 그가 잘 되면 못마땅하게 여기는 사람이 많다는 뜻이다. 실제로 남의 잘됨을 진심으로 축하하는 사람은 생각보다 많지 않다.

　그러나 한 번쯤 생각해 볼 필요가 있다. 누군가의 성공이 과연 내가 화내고 질투할 만큼 나에게 피해를 주는 일인가? 아니면, 오히려 나 또한 더 좋은 기회를 얻을 수 있는 계기가 되지 않을까?

다른 이의 성공을 바라보는 시각을 조금만 바꾸면, 그것은 배 아픈 일이 아닌 희망이 될 수 있다.

삼성을 세계 일류기업으로 이끈 故 이건희 회장은 이렇게 말했다.

"남의 잘됨을 축복하라. 그 축복이 메아리처럼 나를 향해 돌아온다."

결국 다른 이의 성공을 진심으로 축하하는 마음이야말로 더 큰 성공을 만들어 낼 수 있다는 말이다. 누군가가 잘된다고 해서 내 몫이 줄어드는 것은 아니다. 실제로 가까운 이의 성공은 나도 함께 성장할 수 있는 성장의 기회가 된다.

예를 들어, 만약 누군가가 펜션 사업으로 성공했다면 나 역시 그 사람의 성공 노하우를 전수 받아 다른 지역에서 펜션을 성공시킬 수 있다. 투자를 잘하는 사람, 창업으로 성공한 사람은 그에 대한 노하우가 있을 것이고, 그 사람이 나와 가까운 사람이라면 성공 과정을 곁에서 지켜보고 배우기가 더욱 수월하다.

따라서 당신이 다른 사람의 성공을 가까이에서 보게 되었다면 진심으로 축하해주어라. 그리고 앞으로 그 성공의 가능성이 나에게도 올 수 있다고 생각하라. 그에게서 노하우를 배운다면 당신 또한 그 다음 성공을 만들어낼 수 있을 것이니 말이다.

성공은 복제된다고 하였다. 특히 가까운 사람의 성공은 복제하는 것이 훨씬 수월하다.

사람들은 누구나 자신의 장점과 성공을 진심으로 축하해주는 이들과 가까워지고 싶어 한다. 반대로 시기와 질투는 고립을 초래하고, 성장의 기회마저 잃게 한다.

결국 우리가 가져야 할 태도는 분명하다. 남의 성공을 보며 부러워하고 시기 질투하기보다 그의 성공이 내 삶에도 긍정적인 영향을 미칠 수 있음을 받아들이는 것이다. 다른 사람의 성공을 응원할 때 우리는 인생에서 더 나은 기회와 관계를 얻게 된다.

이제 '사촌이 땅을 사면 배가 아프다'는 말을 이렇게 바꿔서 생각하자.

'사촌이 땅을 샀다고? 정말 축하해! 그 땅을 어떻게 산 건지 배워서 나도 언젠가는 내 땅을 마련할 거야.'

이제부터는 누군가의 성공을 보았다면 함께 기뻐하며 자신의 가능성을 찾아보아라. 축하는 곧 성장의 씨앗이 된다. 우리 주변의 성공이 곧 우리의 기회와 성공이 될 수 있음을 믿고, 진심으로 남의 잘됨을 축복하라. 그 축복은 반드시 당신에게 돌아올 것이다.

Part 4

단단한 마음을 만들고 싶을 때

사람의 능력은 무한하다

***

사람은 누구나 무한한 잠재력을 가지고 태어난다. 그러나 안타깝게도 대부분은 평생 자신의 가능성을 깨닫지 못한 채 살아간다.

가장 큰 이유는 바로 한국의 교육 시스템에 있다. 입시라는 좁은 틀 안에서 오직 성적으로만 평가받는 이런 환경에서는 공부를 잘하는 소수의 학생만이 우수한 인재로 인정받는다. 그렇지 못한 다수는 스스로를 평범하거나 보잘것없는 사람으로 여기게 된다.

입시 위주의 교육 환경에서, 공부를 잘하지 못하는 학생이 자신에게 놀라운 잠재력이 있다는 사실을 과연 어떻게 깨달을 수 있겠는가. 그럴 가능성은 거의 없다고 봐야 한다.

나 역시 그랬다. 초등학교부터 고등학교까지 내내 나의 성적은 중간 정도였다. 반 정원이 50명이면 늘 20등 안팎이었다. 잘하는 것도 아주 못하는 것도 아닌, 그저 그런 성적이었다. 이런 성적으로는 서울 및 수도권에 있는 대학은 무리였고, 결국 지방대에 진학했다. 그리고 수많은 과 중 화학공학과를 선택했는데 그 이유는 단 하나, 담임선생님이 '취업이 잘 된다'고 했기 때문이었다.

그렇게 들어간 대학에서는 졸업할 때까지 오직 '취업'만을 목표로 공부했다. 그때까지도 내가 무엇을 좋아하는지, 무엇을 잘하는지조차 몰랐다. 늘 머릿속에 박혀 있던 생각은 '나는 잘하는 것도 특별한 것도 없는 그냥 평범한 사람'이었다.

그랬던 나의 인생에서 큰 전환점이 된 것은 그토록 바라던 취업의 문턱에서 좌절을 맛본 순간이었다. 20곳이 넘는 회사에 지원했지만, 내가 생각했던 최저 연봉보다 낮은 연봉을 주는 회사에서조차 나를 선택하지 않았다. 서울 소재의 대학이 아니라는 이유로 대기업과 공기업은 꿈조차 꾸지 못했고, 그나마 중견기업이라도 들어가고 싶었는데 그마저도 실패였다.

당시 자존감은 그야말로 바닥이었다. 공부를 한다고 했는데, 결국 사회가 원하는 인재는 아니라는 현실이 너무 쓰라렸다. 부모님께도 죄송했고, 취업이 되지 않은 게 창피해서 졸업식조차 가지 않았다(아직도 내 졸업장은 학교에 그대로 남아있다).

그때의 나에게 '너에게도 무한한 잠재력이 있다'고 말해주는 사람이 있었다면 얼마나 좋았을까.

매우 평범했고 잘난 구석이라곤 없던 내가 나의 가능성을 하나씩 발견하게 된 것은 취업을 포기하면서부터였다. 화학공학이라는 전공은 과감하게 잊고, 사업을 하기로 결심한 것이다.

사업 자금을 모으면서 돈에 대해 공부했고, 어떻게 하면 자산을 안전하게 늘릴 수 있을지에 대해 파고들었다. 돈과 성공에 관한 공부는 정말 재미있었다. 특히 부동산 투자 공부를 하니 수익 나는 부동산이 보이기 시작했고, 한 번의 투자로 수천만 원, 수억 원의 수익을 거두는 경험도 하게 되었다.

연봉 2,400만 원의 회사에서는 낙방했지만, 스스로 투자하고 사업을 시작하면서 나의 자산은 기하급수적으로 불어났다. 그 과정에서 가장 중요하게 깨달은 사실이 있다면, 학교에서 배운 공부와 자본주의에서의 성공은 별개라는 것이다. 학교에서는 평생 하나의 직업을 가지고 평범하게 사는 법을 알려주지만, 정작 돈을 버는 진짜 방법과 성공의 본질은 가르쳐주지 않는다.

개인의 잠재력도 마찬가지다. 학교라는 울타리 안에서는 절대 알 수 없던 자신의 '가능성'은 스스로 원하는 것을 찾아 도전할 때 비로소 드러난다. 다행인 것은 나이가 들어서 시작해도 자신의 잠재력을 얼마든지 찾을 수 있다는 점이다.

나는 사업을 시작하기 전까지 한 번도 글을 써본 적이 없다. 독후감조차 써본 기억이 없다. 그런 내가 32세에 처음으로 글다운 글을 쓰기 시작했고, 지금까지 6권의 책을 출간했는데 모두 베스트셀러가 되었다.

발표 시간이 다가오면 얼굴이 빨개질 정도로 내성적이었던 내가 35세에 처음 강단에 섰고, 지금은 수많은 청중 앞에서 유창하고 유쾌하게 강의하는 강사가 되었다.

취업 실패로 무너졌던 자존감은 이런 작은 도전 하나하나가 성과로 돌아오면서 어느새 넘치는 자신감으로 바뀌어 있었고, 취업 한 번 못해본 청년은 마음만 먹으면 무엇이든 현실로 만들어내는 사람이 되어있었다.

나만 가능했던 것이 아니다. 지금까지 나는 오랜 시간 '행복재테크' 커뮤니티에서 많은 이들에게 이러한 경험을 나눠왔다. 그리고 그대로 도전하여 실행한 사람들 역시 놀라운 성과를 만들어내는 모습을 지켜봐왔다.

이들 모두 평범한 사람들이었고, 은퇴한 시니어부터 주부, 학생, 직장인에 이르기까지 각자의 환경은 다양했다. 그러나 이들은 나이나 직업에 상관없이 모두 자신 안에 숨겨진 가능성을 찾아내어 성공을 이뤄냈다. 사업과 투자에 도전하여 부를 이뤄낸 이도 있고, 이를 바탕으로 강의를 하거나, 글을 쓰는 등의 성공을 이뤄낸 이도 있다.

마음만 먹으면 이렇게 성공을 만들어낼 수 있는데도, 왜 많은 이들이 도전을 하지 못하는 것일까?

첫째, 자신에게 그런 능력이 있다는 것을 모르기 때문이고, 둘째, 낯선 길이 두렵고 실패가 걱정되기에 현실에 안주하려는 경향이 크기 때문이다.

그러나 일단 도전해보면 생각했던 것보다 어렵지 않고, 분명 새로운 것도 잘 해내는 자신을 발견할 수 있을 것이다.

사람의 능력은 무한하다. 지금 당장은 보이지 않지만, 분명 모든 사람에게는 잠재력이 존재한다. 중요한 것은 나이도, 학력도, 직업도 아니다. 자신의 능력은 무한하다고 믿는 것부터가 시작이다.

작은 것부터 시작해보라. 그 작은 성취감들이 쌓여 당신을 크게 성장시킬 것이고, 그 성장이 원하는 삶으로 이끌어 줄 것이다.

모두가 불가능하다고
여기는 것의 실체

***

지금까지 다양한 경험을 해오면서 확실히 깨달은 한 가지가 있다. 바로 많은 이들이 불가능하다고 단정 짓는 일들 중 상당수가, 실제로는 충분히 해낼 수 있는 것들이라는 사실이다.

주변만 봐도 어떤 일을 시도조차 해보기 전에 '어차피 해봐도 안 될 거야', '저건 불가능해'라며 스스로 선을 긋고 포기해버리는 경우가 대부분이다. 그러나 많은 이들이 생각하는 '불가능'이란, 사실 우리의 고정관념이 만들어낸 착각에 불과하다. 이런 '불가능의 착각'은 우리 주변 어디서나 찾아볼 수 있다.

스포츠 역사만 봐도 그렇다.

최초의 남자 육상 100m 공식 세계 기록은 1912년의 10.6초였다. 그 후 56년 동안 인간은 10초 벽을 넘을 수 없다고 생각해왔다. 그러나 1968년, 미국의 짐 하인스가 9.95초를 기록하며 이 장벽을 처음으로 넘어섰다. 그 순간부터 '불가능'으로 여겨지던 10초의 벽은 허물어졌고, 이후 많은 선수가 이 기록을 돌파하기 시작했다.

산악 등반도 마찬가지다. 인류는 오랫동안 에베레스트를 '인간이 절대 정복할 수 없는 산'으로 여겼다. 하지만 1953년, 뉴질랜드의 에드먼드 힐러리와 네팔의 셰르파 텐징 노르가이가 최초로 정상에 오르며 그 믿음은 깨졌다. 그 뒤로 수많은 탐험가들이 등반에 성공하였고, 이제는 더 이상 에베레스트 등정은 불가능의 상징이 아니다.

최근에는 인간의 신체 능력에서도 불가능의 영역이 깨졌다. 크로아티아의 프리다이버가 무려 29분 3초 동안 무호흡 상태를 유지하며 기네스 기록을 세운 것이다. 전문가들조차 상상하지 못했던 한계를 실제로 넘어선 순간이었다.

이처럼 인간의 신체 능력을 보더라도 기존에 불가능하다고 여겨지던 수많은 영역들이 깨져왔다. 여기서 흥미로운 것은 최초로 그 불가능의 벽을 깨는 것은 어렵지만, 벽이 한 번 깨지고 나면 이후부터는 수많은 후발주자들이 그 영역을 깬다는 점이다. 이는 후발주자들은 그 영역이 더 이상 '불가능'이 아닌 '가능'의 영역이라 생각하고 도전하기 때문이다.

어떤 일이든 처음부터 '가능하다'고 믿고 시작하는 사람은 당연히 성공 확률이 높을 수밖에 없다. 그렇기 때문에 살아가면서 불가능해 보이는 일을 마주하더라도 섣불리 포기해서는 안 된다. 한 번 불가능하다고 받아들이는 순간, 평생 그 벽을 넘어설 기회를 잃게 되기 때문이다.

이런 현상은 투자와 사업에서도 똑같이 작용한다. 나는 그동안 많은 사람들이 '수익 내는 것은 불가능하다'고 여기는 부동산을 매입하며 성공을 거둬왔다.

2015년, 제주도의 한 토지를 저렴하게 매입했다. 그 땅은 조상 대대로 밭으로만 쓰여온 곳으로, 당시에도 취나물 밭으로 사용되고 있었다. 평생 농지로만 활용해오던 땅이었기에, 그 누구도 그곳에 건물을 지을 생각은 하지 않았던 것이다. 그러나 나는 그 땅에 주거용 건물을 지어 분양을 했고, 순식간에 완판되어 큰 성공을 거두었다. 내가 성공을 거두자, 이후 다른 건축업자들도 주변의 밭을 매입해 건축하기 시작했다. 이제 그들에게는 그것이 더 이상 불가능한 일이 아니었던 것이다.

이외에도 모두가 외면하는 지하상가를 프리미엄 어린이 수영장으로, 혐오시설인 안마시술소를 프리미엄 공유오피스로 탈바꿈시켜 안정적인 수익을 올리기도 했다. 나에게는 이처럼 모두가 '불가능하다'고 여겼던 것을 성공으로 바꿔낸 경험이 수도 없이 많다.

인생의 모든 영역에서 '불가능'이라 여겨지는 것들은 다시 들여다보면 '아직 시도되지 않은 가능성'일지 모른다. 시간이 조금 더 걸릴 수는 있지만 그 '가능성'에 도전하는 순간, 인생의 판도는 완전히 달라진다.

이러한 사실을 모른 채 많은 이들이 섣불리 불가능하다고 결론 내려버리고, 가능성에 도전해 볼 생각조차 하지 못하는 현실이 참으로 안타까울 뿐이다.

살면서 불가능을 가능으로 바꾸는 경험을 한두 번 하게 되면, 어려운 상황에서도 긍정의 사고를 하며 가능성에 대한 확신을 갖게 된다. 그래서 나는 언젠가부터는 불가능해 보이는 상황과 마주하더라도 그 상황을 그대로 받아들이지 않는다. 노력하면 얼마든지 해결할 수 있는 것들이 많다는 것을 알기에 애초부터 안 된다는 생각을 하지 않는다.

불가능은 단지 우리 스스로가 만든 한계일 뿐이라는 사실을 명심하라. 당신 역시 불가능해 보였던 일에 도전하여 직접 부딪쳐보면, 해결할 수 있는 것들이 생각보다 많다는 사실을 깨닫게 될 것이다.

한 번이라도 다수가 불가능하다고 생각하는 것을 가능으로 바꾸는 경험을 해본다면, 세상을 바라보는 시선이 긍정적으로 바뀔 것이다. 이런 긍정의 사고를 하는 사람에게 성공은 저절로 따라오는 법이다.

신체는 뇌를 따라간다

***

 인간이 무한한 능력을 갖는 것은 훌륭한 뇌를 가졌기 때문이다. 그래서 누구든 자신의 뇌를 잘 활용할 수 있다면 무엇을 하든 놀라운 결과를 만들어낼 수 있다.

 우리는 매순간마다 자신이 할 행동을 고민하고 결정한다. 하루에도 수십, 수백 번씩 이를 반복한다. 기상과 취침, 게으름과 끈기, 포기와 인내, 편안함과 불편함 등 우리의 뇌는 항상 극과 극의 상황을 두고 어떤 방향으로 나아갈지 고민한다.

하지만 기억해야 할 것은, 뇌는 결정을 해야 할 때마다 일일이 고민하지는 않는다는 사실이다. 둘 중 한쪽 방향으로의 선택이 익숙해지면 어느 순간부터는 자동으로 그 방향만을 선택한다. 반복된 선택은 곧 익숙함이 되고, 익숙함은 곧 무의식적 자동 반응이 되는 것이다.

그래서 게으른 사람은 더 게을러지며, 폭식하는 사람은 더 폭식하게 된다. 반대로 일찍 기상하는 사람은 계속해서 쉽게 일어나고, 소식하는 사람은 자연스럽게 소식에 익숙해지는 것이다.

몸짱도 마찬가지다. 몸짱이 되는 데 중요한 것은 운동 능력이 아니라 매일 운동을 가게 하는 뇌의 결정이다. 이러한 뇌의 결정을 다른 말로 '의지'라고 한다.

많은 사람들이 연초에는 '올해는 꼭 살을 빼고 멋진 몸매를 만들겠다'고 다짐하며 1년 치 헬스장을 등록한다. 하지만 3개월도 채 되지 않아 그 의지는 흐려지고, 결국 헬스장에는 먼지 쌓인 운동화만 남겨둔 채 몸짱의 목표는 이미 사라져 있다. 왜 대부분의 사람들에게서 이런 비슷한 모습이 나타나는 것일까.

이런 실패를 반복하지 않기 위해서는 뇌를 잘 활용하기 위한 두 가지만 기억하면 된다.

첫 번째, 목표를 세웠다면 무조건 66일을 지속하라.
이는 과학적으로 증명된 기간이다. 런던대학의 필리파 랠리 박사 연구팀이 발표한 연구 결과에 따르면, 새로운 습관이 만들어지기까지는 평균 66일이 걸린다고 한다.
즉, 뇌의 결정이 한 방향으로 계속 이어지기 위해서는 66일을 지속하면 된다는 의미이다. 그 다음부터는 뇌가 고민하지 않고 한 방향을 자동으로 선택하면서 습관이 만들어지게 된다.
다시 말해, 억지로라도 66일을 지속하게 되면 그 이후부터는 편하게 운동할 수 있게 된다는 말이다.

두 번째, 흐트러졌다면 다시 시작하라.
66일을 지속한다는 것이 그리 쉬운 일은 아니다. 중간에 모임, 여행 등 다른 일정이 생겨 다음날 운동을 하지 못하게 되는 상황도 발생하기 마련이다.
이렇게 한 번 이탈하게 되면 다시 복귀하지 못하는 경우가 많다. 하루만 안 나가도 다음 날 또 안 나가게 되고, 그러다 결국 포기하게 되는 것이다. 하지만 하루 이틀 쉬었더라도 반드시 '다시 시작'해야 한다. 습관은 '연속된 66일'이 아닌, '누적된 66일'로 만들어지는 것이기 때문이다. 따라서 습관을 만들 때 중요한 건 완벽하게 연속하지 않아도 된다는 점이다.

몸짱들의 패턴을 들여다보면 이들 역시 하루도 빠짐없이 운동을 하는 것은 아니다. 잠시 일탈했을지라도 다시 시작하기를 반복한다. 나 역시 목표한 게 있으면 중도에 잠시 쉬거나 못하는 상황이 생기더라도 다시 시작하기를 통해 빠르게 원래 패턴으로 복귀해서 결국 그 프로젝트를 완성한다. 하루 이틀 쉬었을지라도, 본래의 패턴으로 빠르게 돌아가면 뇌는 한 방향으로 결정하는 것을 지속하게 된다.

이는 운동뿐 아니라 그 어떤 목표에도 적용되는 원리다. 오늘부터 성공한 사람들의 좋은 습관을 하나씩 골라 66일 지속하겠다고 마음먹고, 중간에 흐트러졌다면 다시 시작하기를 반복하라.

습관은 뇌가 만들고, 성과는 습관이 만드는 것이다.

이 원리를 활용해 성공인들의 습관을 하나씩 내 것으로 만들어간다면, 누구나 성공인이 될 것이다. 단순하지만, 이것이 바로 성공의 법칙이다.

노력하여 바꿀 수 있는 것에만
집중하라

***

인생을 살다 보면 외부의 수많은 불합리한 상황을 마주하게 된다. 성공하는 사람과 그렇지 못한 사람의 차이는 이런 상황을 대하는 태도에 달려있다.

성공한 사람들은 자신이 컨트롤할 수 있는 것에만 집중한다. 실제로 자신의 분야에서 최고 자리에 오른 사람들 대부분이 '자신이 통제할 수 있는 것에 집중하는 능력'을 핵심 성공 요인으로 꼽았다. 이들은 정치 및 국내 이슈, 세계 이슈 등 다양한 혼란스러운 상황이 닥치더라도 그런 분위기에 휩쓸리지 않고, 자신이 노력하여 바꿀 수 있는 것에만 집중한다.

우리가 살아가는 이 세상은 결코 완벽하지 않다. 자세히 들여다보면 불합리한 것들로 가득하고, 때로는 참으로 불공평하다.

많은 사람들이 이런 모순된 현실을 마주할 때마다 분위기에 휩쓸리거나 좌절한다. 정치를 탓하고, 사회 구조를 비난하며, 주변 환경을 원망한다.

하지만 이런 불평은 자신의 현실을 단 1%도 바꾸지 못한다는 사실을 깨달아야 한다. 아무리 세상을 탓하고 환경을 원망해도 내 앞에 놓인 상황은 그대로다. 오히려 그렇게 불만을 토로할 시간에 자신이 바꿀 수 있는 것에 집중한다면 상황은 좀 더 나아질 것이다.

성공하는 사람들은 대개 외부 환경을 탓하는 대신, 자신이 통제할 수 있는 영역에 모든 에너지를 쏟는 선택을 한다. '이런 혼란한 상황 속에서 내가 성과 낼 수 있는 것은 무엇일까?'를 고민하는 것이다.

이런 태도는 타고나는 게 아니다. 누구나 후천적으로 학습하고 훈련하여 갖출 수 있다. 나 역시 이런 마음가짐을 갖기 위해 부단히 노력했다. '어떤 혼란의 상황이 오더라도, 외부 상황에 휩쓸리지 않고 지금 내가 바꿀 수 있는 것에만 집중하겠다'고 마음먹고 실천해왔다.

이러한 태도가 하루아침에 만들어지는 것은 아니지만, 그리 어려운 것도 아니다. 악조건 속에서도 내가 할 수 있는 것이 무엇인지에 집중하기만 하면 된다. 이렇게 하면 어떤 상황에서도 자신의 방향성을 잃지 않고 흔들림 없이 나아갈 수 있다.

덧붙여, 이런 마음가짐이 완성되면 주변에 불평불만이 많은 사람과도 자연스레 멀어지게 된다. 사실 정치 얘기를 자주 하는 사람치고 실속 있는 사람이 거의 없지 않은가.

천천히 가도 괜찮아

***

우리는 늘 서두르며 산다. 지하철에서 내리자마자 계단으로 뛰어가는 사람들, 신호가 바뀌기도 전에 출발하는 차들, 주문한 음식이 나오기를 초조하게 기다리는 손님들. 이런 모습들이 우리의 일상이다. '빨리빨리'는 이제 한국인의 대명사가 되었다.

사실 이런 급한 성격이 우리나라를 지금까지 이끌어온 원동력이다. 전쟁의 폐허 위에서 반세기 만에 경제 강국으로 도약한 우리나라는 자동차, 조선, 건설, 전자 등 거의 모든 산업에서 후발주자였다. 하지만 빠른 추격으로 선진

국들을 따라잡을 수 있었던 것은 바로 한국인 특유의 '빨리빨리' 정신이 있었기 때문이다. 열정과 추진력이 분명 대단했던 것은 사실이다.

그러나 이제는 한번 돌아볼 필요가 있다. 과연 속도만이 전부일까? 그래서 우리 삶이 더 나아졌을까?

현대의 우리를 보자. 엘리베이터 문이 닫히기도 전에 '닫힘' 버튼을 연신 눌러대고, 차가 조금만 막혀도 짜증을 내고, 음식이 빨리 나오지 않으면 화를 낸다. 이렇게 여유가 없으면 마음은 절대 평온할 수가 없다. 작은 일에도 감정이 상하게 되면 짜증이 늘고, 이런 스트레스는 결국 건강까지 해치게 된다.

더 큰 문제는 이런 조급함이 정작 중요한 목표를 달성하는 데는 방해가 된다는 점이다. 인생에서 정말 의미 있는 성취들은 결코 단기간에 이루어지지 않는다. 큰 목표일수록 오랜 시간과 끈기가 필요한 법이다. 그래서 '빨리빨리'보다 더 중요한 것은 '지치지 않고 끝까지 가는 것'이다.

예를 들어보자. 창업 분야에는 창업하고 6개월 안에 결과가 나오지 않으면 접어야 한다는 말이 있다. 하지만 이것은 정말 잘못된 생각이다.

나는 지금까지 20개가 넘는 사업장을 운영하며 다양한 분야에서 성공을 경험했다. 하지만 만약 6개월이라는 기준을 적용했다면 지금의 결과는 절대 없었을 것이다. 대부분의 사업은 단기간에는 성과가 나오지 않았다. 오히려 여유 있게 준비하고 꾸준히 운영했기에 원하는 수준까지 성장할 수 있던 것이다.

만약 누군가 단기간에 대박이 나는 아이템을 발견했다고 해보자. 이게 과연 좋은 아이템이라고 할 수 있을까? 내가 봤을 때 그건 오히려 경계해야 할 아이템이다. 왜냐하면 내가 단기간에 쉽게 성공할 수 있는 것이라면 후발주자들 역시 쉽게 진입할 수 있을 것이고, 그러면 순식간에 경쟁이 치열해져서 수익성이 안 좋아질 것이기 때문이다.

이처럼 사업에서는 쉽고 빠르게 수익 낼 수 있는 아이템은 오히려 좋은 결과를 내지 못하고, 낸다 해도 반짝하고 끝나는 것이 대부분이다.

인생 역시 단거리 경주가 아니다. 어떤 목표가 정해지면 너무 단기간에 성과를 내려하지 말고, 자신만의 페이스를 유지하며 꾸준히 전진해야 한다.

"천천히 가도 괜찮다. 방향만 맞다면!"

이 말을 늘 기억하라. 그러면 조급함에 흔들리지 않고, 한 번 정한 목표는 끝까지 완주하는 사람이 될 수 있을 것이다.

하나씩 하나씩

***

인생을 살다 보면 감당하기 어려울 정도로 많은 일들이 한꺼번에 밀려오는 순간이 있다. 하고 싶지 않은 일, 감정적으로 힘든 일, 그리고 처리해야 할 업무가 마구 뒤섞여 들어온다. 직장에서의 업무는 물론이고, 투자나 사업을 하게 되면 처리해야 할 일이 더욱 늘어날 수밖에 없다.

나는 부동산 투자뿐만 아니라 여러 사업장을 운영하다 보니 보통 사람과는 비교가 되지 않을 정도로 업무량이 많다. 물론 시작할 때와는 달리 시간이 지나면서 자동화 시스템이 갖춰지고 효율적인 구조가 만들어지면서 관리가 수월해지긴 했지만, 그래도 어느 순간에는 많은 일이 몰릴 수밖에 없는 것이 현실이다. 가끔 사람들에게 농담 삼아 하는 말이지만, 나는 아직 나보다 더 바쁘게 사는 사람을 본 적이 없다.

그렇게 바쁜 삶을 살아오면서 절실히 깨달은 진리가 있다. 아무리 많은 일이 쌓여 있어도 한 번에 제대로 처리할 수 있는 일은 하나뿐이라는 사실이다. 우리가 흔히 말하는 멀티플레이어도 사실은 '여러 일을 동시에' 처리하는 사람이 아닌, '하나의 일을 빠르게 끝내고 다음 일을 처리하는' 사람이다. 물론 두 가지 일을 동시에 할 수야 있겠지만, 그렇게 하면 집중력이 흐려져 완성도가 떨어지기 마련이다.

그래서 내가 삶의 모토로 삼은 원칙은 "하나씩 하나씩"이다.

처리해야 할 일들이 아무리 많아도 결국 지금 이 순간에는 단 한 가지만 처리할 수 있다는 사실을 깨닫고는, 현재도 카카오톡 프로필에 '하나씩 하나씩'이라는 문구를 써놓았을 만큼 이것은 내 삶의 중요한 모토가 되었다.

아무리 일이 많더라도 지금 당장 해야 할 가장 급하고 중요한 일 한 가지에만 집중하고, 나머지는 잠시 머릿속에서 지워둔다. 그리고 그 일이 끝나면, 다음으로 중요한 일을 처리한다. 이는 내가 직접 수많은 경험을 하며 깨닫게 된 가장 효율적인 업무 처리 방식이다.

이러한 일 처리 방식을 실천하기 위해서 필요한 것이 바로 '서랍 닫기 훈련'이다. 마치 사무실에 있는 서랍장처럼, 머릿속의 모든 일들을 각각의 서랍에 정리해두고, 한 번에 하나의 서랍만 열어서 처리하는 것이다. 하나의 일이 끝나면 그 서랍은 완전히 닫고, 다음 서랍을 여는 식이다.
  우리의 뇌는 여러 개의 서랍이 동시에 열려 있는 상태에서는 제 기능을 발휘하지 못한다. 집중력에는 한계가 있고, 감정의 피로도 배가 되기 때문이다. 따라서 한 번에 하나의 서랍만 열어두는 것이 가장 빠르고 명확하게 업무를 처리할 수 있는 방법이다.

특히 잠들기 전에는 아무리 많은 일이 남아있더라도 모든 서랍을 닫는 것이 중요하다. 사람은 숙면을 취해야만 다음 날을 위한 에너지를 충분히 축적할 수 있고, 머리도 맑

아진다. 그런데 잠들기 전에 잡념이나 걱정이 떠오르면 깊은 잠을 이루기 어렵다. 따라서 침대에 오르면 의도적으로 뇌의 모든 서랍(기억장치)을 과감히 닫아버려야 한다.

'서랍 닫기'가 처음에는 쉽게 되지는 않겠지만, 이 역시도 훈련으로 계속 나아질 수 있는 부분이다. 숙면은 가장 효율적인 충전 방법이며, 최고의 멘탈 관리 방법이기도 하므로 반드시 모든 서랍을 닫고 숙면을 취할 수 있도록 노력해보길 바란다.

많은 일을 하나씩 해결해나갈 때 또 하나의 팁은 가장 하기 싫은 일이나 가장 부담되는 일부터 먼저 처리하는 것이다. 걱정이나 부담되는 일이 남아있으면 다른 일을 하더라도 계속 마음이 그곳으로 향하게 되어 온전히 집중하기가 어렵다. 하지만 가장 하기 싫은 일부터 끝내놓으면, 마음이 가벼워져 나머지 일들을 더욱 수월하게 해낼 수 있게 된다.

많은 일이 한꺼번에 몰리면 걱정이 앞서기 마련이다. 그러나 걱정한다고 해결되는 것은 아무것도 없다. 그럴 때일수록 급하고 중요한 일부터 '하나씩 하나씩' 처리해나가라.

그러다 보면 복잡하게 쌓여있던 일들이 하나둘씩 정리되어 있을 것이다.

어느 분야든 최고가 되는 법

***

어떤 분야든 최고에 오른 사람을 보면, 사람들은 그들을 부러워하는 동시에 그들에게 무언가 특별한 재능이 있을 거라고 생각한다. '저 사람은 타고난 머리가 좋으니까', '운동신경이 뛰어나니까', '워낙 손재주가 좋아서', '원래 말을 잘해서' 등 최고가 되는 것은 천부적인 재능이 있어야만 가능하다고 생각하는 것이다.

하지만 이는 정말 잘못된 생각이다. 천부적인 재능이라는 말 뒤에는 '노력'이라는 과정이 완전히 배제되어 있는 동시에, 시작도 해보기 전에 자신은 그 정도 수준까지는 도달

할 수 없다고 스스로를 단정 짓는 것이기 때문이다.

나는 어떤 분야든 노력하면 최고가 되는 것이 가능하다고 생각한다. 실제로 최고가 되는 법은 의외로 간단하다.

첫 번째, 최고가 되겠다는 마음을 먹는 것이다.
목표를 잡을 때부터 최고가 되겠다고 마음먹어야 한다. 만약 시작부터 적당한 수준을 목표로 하면 실제로 적당한 수준까지만 오르게 된다.
예를 들어, 요리를 하더라도 맛집 사장을 목표로 하면 맛집까지 하는 것이고, 미슐랭을 목표하면 미슐랭을 하거나 그에 못 미치더라도 고급호텔 주방장까지는 될 수 있다. 운동을 시작할 때도 마찬가지다. 운동을 배우는 것만으로 만족한다면 할 줄 아는 수준까지만 오르는 것이고, 상급을 목표로 하면 상급에 오를 때까지 연습하게 되어 결국 상급자가 되는 것이다.

두 번째, 최고에게 배우는 것이다.
최고를 목표했다면 그 분야에서 최고가 된 사람을 찾아 그 노하우를 배워야 한다. 배움에 있어 배우는 사람의 역량도 중요하지만, 최고가 되기 위해서는 훌륭한 스승이 더 중요하다. 이는 운동이든 사업이든 투자든 마찬가지다. 최고에게 배우는 것이 시행착오를 줄이고 가장 효율적으로 기술을 익히는 방법이다.

모든 것을 독학으로 하려는 사람도 있다. 하지만 독학은 아무리 열심히 하더라도 모든 것을 완벽하게 익히거나 괜찮은 수준까지 오르기도 어렵고, 설사 가능하더라도 굉장히 많은 시간과 시행착오를 겪을 수밖에 없다.

나는 배드민턴을 40대에 처음 시작했는데, 시작할 때는 동네 체육관에서 취미로 치는 수준이었다. 하지만 더 높은 수준으로 성장하고 싶다는 갈망이 생겼고, 그때부터 국가대표 출신 코치를 찾아 레슨을 받기 시작했다. 그 결과 실력으로 나누어지는 동호회 등급 중 최상위인 A급까지 올랐고, 지역 대회에서 A급 선수들과 겨뤄 우승까지 하게 되었다.

이는 운동에만 국한되는 것이 아니라, 모든 분야에 해당된다. 어깨너머로 배운 사람과 전문가에게 제대로 배운 사람의 차이는 생각보다 크다. 기본기부터가 다르기 때문이다.

최고가 되는 방법은 최고가 되겠다는 목표로 최고의 스승에게 배우는 것이다. 그것이 가장 빠르고 정확한 길이다. 자신이 성공하고자 하는 분야에서 최고를 찾아가 배우고, 그의 노하우를 자신의 것으로 만들기 위해 끊임없이 복습하고 연습하라. 그렇게 한 걸음 한 걸음 나아간다면, 어느새 최고의 자리에 서 있는 자신의 모습을 발견하게 될 것이다.

최고의 자리에 오르더라도 계속해서 배우고 성장하는 자세를 잃지 않는 것, 그것이 진정한 최고가 되는 비결이다.

삶은 상대평가다

***

시험에는 절대평가와 상대평가가 있다. 절대평가는 일정 수준의 점수만 넘으면 인원에 상관없이 누구나 합격할 수 있는 방식이고, 상대평가는 시험을 본 전체 인원 중에서 정해진 비율의 상위 성적자만이 합격하는 방식이다.

내가 대학을 다니던 시절, 학교의 성적 평가 방식이 절대평가에서 상대평가로 바뀌었을 때 학생들 사이에서 큰 반발이 일었던 적이 있다. 그전까지만 해도 교양 수업 중 A+를 많이 주는 교수님의 강의를 고르면 성적 관리를 수월하게 할 수 있었는데, 상대평가로 바뀌면서 상위 소수만

A+를 받을 수 있게 되었기 때문이다.

그런데 우리의 삶 역시 이처럼 상대평가다. 어떤 기준을 넘기기만 하면 되는 절대평가가 아니라, 남보다 조금이라도 더 잘해야만 기회와 보상이 주어지는 상대평가 구조이다. 냉정하지만 이것이 현실이다.

하지만 개인적으로 나는 우리의 삶이 절대평가가 아니라 상대평가이기 때문에 더 수월하다고 생각한다. 왜냐하면 생각보다 많은 사람들이 인생을 대충 살고 있기 때문이다(물론 누구도 자신이 인생을 대충 산다고 인정하진 않겠지만). 대부분의 보통 사람들은 기준이 낮고, 스스로에게 너그럽기에 그러하다.

다른 사람과의 상대평가에서 긍정적인 결과를 얻으려면 기준부터 달라야 한다. 이는 절대 어려운 것이 아니다. 보통 사람들이 생각하는 기준보다 딱 한 끗 정도만 더 높고, 더 꾸준한 태도를 유지하면 된다. 그뿐이다.

나는 취업하기 힘들다는 요즘도 성공하기엔 너무 좋은

환경이라 생각한다. 왜냐하면 요새 대부분의 청년들은 일을 할 때 정해진 일만 하려는 성향이 강하기 때문이다.

얼마 전 아르바이트 경험이 있는 청년들을 대상으로 인터뷰하는 프로그램을 보았다. 기자가 9시에 업무를 시작하는 아르바이트생에게 출근 시간을 묻자, 당당히 8시 58분이라고 답했다. 여기서 기자가 "적어도 회사에 10분 전에는 도착해 있어야 하지 않나요?"라고 묻자, 그 청년은 "그러면 제가 10분만큼 손해보는 거잖아요!"라고 대답하는 것이 아닌가.

대부분의 아르바이트 직원들은 정해진 시간에 딱 맞춰 출근하고, 퇴근시간이 되면 일이 남아있는지 여부에 상관없이 바로 퇴근을 한다. 돈을 받은 만큼만 일하겠다는 기준이 명확한 것이다. 요즘은 이런 모습을 아르바이트생뿐만 아니라 정규직 직장인들에게서도 흔히 볼 수 있다.

출퇴근 시간을 꼭 맞추는 행동이 틀리다는 것은 아니다. 다만 마음가짐을 이야기하고 싶은 것이다. 이런 기준을 가지고 있기 때문에 일자리를 구하기가 힘든 것이고, 돈을 벌지 못하는 것이다.

만약 이러한 상황에서 오히려 시간에 얽매이지 않고 남은 업무를 마무리하고 뒷정리하는 모습을 보이는 직원이 있다면, 해당 직원은 그것만으로도 인정받고 관리직까지 더욱 수월하게 오를 수 있을 것이다.

이처럼 기준의 차이가 엄청나게 크지 않아도 된다. 이런 한 끗 차이가 누적되어 결국 인생의 큰 격차를 만드는 것이다.

인생은 한 끗 차이로 성공한다는 것은 바로 이런 의미다. 눈높이를 높이고, 남들보다 한 끗만큼만 더 노력하라. 그러면 삶이라는 상대평가에서 평생 우위를 점할 수 있을 것이다.

체력도 실력이다

***

나는 어릴 적부터 '체력이 국력이다'라는 말을 들으며 자랐다. 처음에는 단순한 구호쯤이라 여겼는데, 나이를 먹어가면서 그 말의 의미를 온전히 이해하게 되었다. 국가가 성장하기 위해서는 국민들이 건강한 체력을 유지하며 각자의 위치에서 최선으로 일을 해줘야 한다.

개인의 삶 역시 마찬가지다. 행복하고 성공한 삶을 위해서는 건강한 신체와 충분한 체력이 뒷받침되어야 한다. 체력이 있어야 강한 정신력을 유지할 수 있고, 끈기와 인내심 역시 체력이 있어야만 가능하다. 반대로 체력이 바닥나면 아무리 뛰어난 아이디어와 열정을 가졌더라도 그 프로젝트를 지속할 수 없게 된다.

체력은 타고나는 것도 있지만 후천적 요인이 훨씬 크다. 약하게 태어났더라도 꾸준히 단련하면 좋아진다. 작고 왜소한 체형이어도 운동으로 얼마든지 몸짱이 될 수 있고, 지치지 않는 체력으로 끌어올릴 수도 있는 세상이다.

체력을 올리기 위해선 우선 자신에게 맞는 운동을 찾아 일주일에 몇 번이든 정해진 시간을 채우는 것이 중요하다. 처음에는 적응이 되지 않아 더 피곤하고 몸이 뻐근하겠지만, 그 고비를 잘 버티면 아팠던 부위가 근육으로 바뀌면서 체력이 키워진다.

요새 주변을 보면 "바빠서 운동할 시간이 없다"며 운동을 하지 않는 사람들이 많다. 그러나 나는 장담할 수 있다. 이런 말을 하는 사람들은 결코 시간이 없는 게 아니라, 운동이 삶의 우선순위에서 밀려나 있는 것이다. 아무리 바쁘더라도 운동할 시간을 최우선적으로 확보하고, 나머지 시간에 해야 할 일을 배치하면 된다. 시간이 없어서 운동을 못 한다는 것은 핑계일 뿐이다.

나 역시 처음에는 바쁘다는 핑계로 운동을 하지 않았는데, 막상 운동을 시작하고 보니 업무를 하는 데 전혀 지장이 없었다. 오히려 운동을 하기 전보다 하루를 더욱 효율적으로 활용할 수 있었다. 또한 체력이 좋아지면서 집중력도 높아지고, 의사결정도 더욱 명확해졌다.

현재 나는 20곳이 넘는 사업장을 운영하며 많은 일을 하고 있다. 그럼에도 매일 새벽 운동을 하고 있고, 운동 이후에 업무 일정을 소화한다. 내가 이런 많은 업무를 소화해낼 수 있는 것은 탄탄한 체력이 있기 때문이라 생각한다. 체력이 받쳐주지 않았다면, 이처럼 하루를 온전히 지배하며 살아갈 수 없었을 것이다.

튼튼한 몸을 가진 사람은 강한 정신력도 함께 가지게 된다. 이처럼 체력과 멘탈은 떼려야 뗄 수 없는 관계다. 강한 멘탈이 있어야 꾸준히 운동할 수 있고, 운동을 통해 건강한 신체를 갖추면 더욱 강한 멘탈이 만들어지는 것이다.

강한 멘탈과 체력을 갖고 싶다면, 지금 당장 운동을 시작하라. 자신에게 맞는 운동을 찾아 꾸준히 실천한다면, 한 달 또는 두 달이 지나면서부터 분명 달라진 자신의 모습을 발견할 수 있을 것이다.

처음에는 쉽지 않겠지만 성공으로 가는 길에서 체력은 선택이 아닌 필수임을 절대 잊지 말길 바란다. 몸이 버텨야 멘탈이 흔들리지 않고, 멘탈이 버텨야 성공이 지속될 수 있으니 말이다.

슬럼프를 이겨내는 방법

***

'슬럼프'라는 말은 원래 운동선수에게 자주 쓰는 표현으로, 아무리 훈련을 반복해도 성적이 부진한 상태를 말한다. 하지만 운동선수뿐 아니라 우리 모두의 삶에도 슬럼프는 찾아온다. 의욕이 사라지고, 기운이 빠지고, 이유 없이 무기력한 상태가 지속되는 것. 이것이 바로 삶의 슬럼프이다.

슬럼프가 찾아오는 순간은 대체로 비슷하다. 일이 마음처럼 풀리지 않거나 예상치 못한 사고를 겪었을 때 또는 진로를 잃거나 그리고 과중한 책임감으로 과부하가 걸렸을 때 등이다. 이럴 때 대부분은 자신을 자책하거나, 현실을 외면하면서 더 깊은 침체에 빠지곤 한다.

하지만 그런 순간을 어떤 태도로 마주하느냐에 따라 슬럼프가 오래 지속될 수도 있고, 오히려 그 시기가 삶의 전환점이 될 수도 있다.

그렇다면 슬럼프는 어떻게 극복해야 할까? 나의 슬럼프 극복 방법을 소개한다. 특별하진 않지만 매우 효과적이고, 누구나 할 수 있는 방법이니 도움이 되길 바란다.

1. 현재의 상황을 담담히 받아들여라

슬럼프를 벗어나기 위한 첫 번째는 현실을 인정하고 내려놓는 것이다.

'왜 나에게 이런 일이 생겼지?', '내가 뭘 잘못했길래…' 이런 생각에 빠지는 순간, 마음은 더 무겁고 어두워진다. 슬럼프에서 가장 위험해지는 지점은 현재의 상황을 부정할 때이다. 우울증, 무기력, 극단적 선택도 현실을 받아들이지 못함에서 비롯된다.

그러나 현 상황을 온전히 받아들인다면, 오히려 마음이 안정되면서 모든 걸 내려놓을 수 있게 된다.

2. 지금 상황에서 최선의 선택을 찾아라

현 상황을 받아들였다면, 이제부터는 벗어나야 한다. 그러기 위해선 '지금 상황에서 내가 할 수 있는 최선은 무엇일까?'라는 질문을 던지고, 그 답을 찾아 실행에 옮기는 것. 이것이 슬럼프를 벗어나기 위한 두 번째 단계이다.

물론, 한 번의 선택만으로 바로 상황에서 벗어나지 못할 수도 있다. 그럴 땐 다시 한번 최선을 고민하고 그 답을 실행하면 된다. 이런 과정을 반복하다 보면 어느 순간 최악의 상황에서 벗어난 자신을 발견하게 될 것이다.

슬럼프 상황에서는 그 상황과 감정에 매몰되어 끌려가는 것이 아니라, 지금 상황에서 내가 할 수 있는 것이 무엇인지 파악하여 과감하게 행동하는 것이 가장 강력한 탈출구가 된다는 사실을 잊지 말자.

3. 그 분야의 선배나 고수에게 조언을 구하라

슬럼프를 겪고 있을 때, 그 길을 먼저 걸어간 사람의 조언만큼 강력한 해결책은 없다. 2030세대의 고민이 그 시절을 먼저 지나온 4050세대의 이야기를 들으면 뜻밖에 간단히 해결되는 것처럼 말이다.

여기서 말하는 '조언'은 단순한 위로가 아니다. 현실에서 방향을 제시해주는 실질적인 조언을 말하는 것이다. 물론 모든 인생 선배들의 조언이 옳은 것은 아니다. 조언을 구할 때는 현실에서 실제 성취를 이룬 사람에게 구하는 것이 좋다.

만약 주변에서 그런 사람을 찾기 어렵다면 책이나 영상 속 선인들의 경험을 통해 간접적으로 배워도 좋다. 나 역시 책과 영상을 통해 많은 배움을 얻었고 슬럼프를 극복해왔다.

4. 스스로에게 충분히 보상을 주어라

어떤 순간에도 가장 중요한 것은 자기 자신이다. 슬럼프를 극복하려면 자신의 컨디션을 최상으로 끌어올려야 하는데, 여행, 선물 등 나에게 주는 보상을 통해서 스스로 컨디션을 끌어올릴 수 있다.

나의 경우에는 힘든 일이 생기면 미리 여행을 예약해둔다. 이는 현실 도피가 아닌, 슬럼프를 이겨내기 위해 고생한 나를 위한 보상이다. 앞으로 다가올 여행의 즐거움을 상상하며 지금 닥친 일들을 묵묵히 처리하다 보면, 힘든 시간을 견딜 수 있게 된다.

사람은 자기 자신을 기분 좋게 리드할 줄 알아야 한다.

채찍질만 하고, 보상에는 인색하면 어느 순간 인생이 재미없고 무의미해지기도 한다. 그러니 가끔은 자신에게 과감하게 보상을 해주어라. 가끔의 보상은 다시 살아갈 힘이 된다.

그리고 기억하라. 인생은 어떤 순간에도 즐길 수 있어야 한다.

다시 정리해보면,

슬럼프가 왔을 때는 가장 먼저 현실을 담담히 받아들이고, 그 다음 지금 상황에서 할 수 있는 최선의 선택을 고민하고 실행하라. 그 과정에서 믿을 만한 선배의 조언을 구하는 것도 방법이다. 그리고 나 자신의 컨디션을 최상으로 끌어올릴 수 있는 보상을 해주어라. 이것이 내가 슬럼프를 극복하는 방법이다.

나는 이제 슬럼프가 와도 더 이상 당황하지 않는다. 이런 과정이 익숙해지니 이제는 어떤 상황이 발생해도 현실을 받아들이는 단계를 생략하고, 곧바로 최선의 선택을 찾아 실행하는 단계로 나아간다.

당신 역시 이 과정을 반복하다 보면, 어느새 어떤 어려움도 헤쳐나가고 있는 자신을 발견하게 될 것이다.

Part 5

성공을
이루고 싶을 때

성공은 확신에서 시작된다

***

많은 사람들이 새로운 도전 앞에서 망설이며 현실에 안주한다. 혹여라도 잘못되는 것이 두렵고, 현재보다 더 안 좋아질 수도 있다는 불안감에 확실하게 답이 보이는 길로만 가려고 하기 때문이다.

도전에 대한 가장 큰 장애물은 바로 불확실성이며, 누구든 안정을 추구하려는 것은 본능이다. 하지만 다수가 선택하는 길에서는 큰 성공을 이루기 어렵다. 성공은 새로운 길, 아직 아무도 가지 않은 길 위에서 기다리고 있기 때문이다.

그렇다면 새로운 길로 나아가기 위해 필요한 것은 무엇일까? 바로 자신의 도전에 대한 '확신'이다. 이는 미래에 대한 불확실성을 뛰어넘는, 스스로에게 주는 확신을 말한다.

나는 정해진 길만 걸어오지 않고 늘 새로운 분야에 도전해왔다. 그리고 무언가 새로운 길을 선택하게 될 때는 처음 시작할 때부터 '무조건 잘 될 것'이라고 생각했다. 처음 접하는 일이라 낯설고 걱정되는 순간도 분명 있었지만, 낯선 일들도 확신을 가지고 막상 해보면 생각보다 어렵지 않게 풀어갈 수 있는 것들이 많았다.

이런 경험을 거듭하면서 나는 더욱 확신하게 되었다. 어떤 일의 성공과 실패를 가르는 건 타고난 재능이 아니라, 결과에 대한 확신과 그에 따른 적극적인 행동이라는 사실을 말이다.

작은 도전이라도 단순히 생각에만 머무르지 않고 확신을 가지고 직접 실행해보면, 머릿속을 가득 채웠던 의심은 사라지고 '해낼 수 있다'는 가능성이 보이기 시작한다. 결국 확신이란 머릿속에서 그냥 만들어지는 것이 아니라, 적극적인 행동을 통해 다져지는 것이다.

처음 도전을 할 때 확신을 갖고 하는 사람과 그 결과에 대한 의구심을 갖고 하는 사람의 차이는 너무도 크다. 처음부터 '된다'고 믿고 시작한 사람은 과정이 어떻든 결국 긍정적인 결과를 예상하기에, 도중에 어려움이 생겨도 어떻게든 방법을 찾아낸다. 하지만 처음부터 안 될 수도 있다고 생각한 사람은 조금만 문제가 생겨도 '그것 봐. 안 될 줄 알았어'라고 자기합리화를 하면서 쉽게 포기해버린다.

따라서 어떤 일을 시작하기 전에 가장 먼저 해야 할 일은 결과에 대한 긍정적인 확신을 갖는 것이다. '나는 해낼 수 있다'는 믿음이 선행되어야 그 뒤에 이어지는 실행에서 버틸 수 있는 힘이 생기기 때문이다.

만약 아직 그러한 '확신'을 갖는 것이 어렵다면, 작은 성공을 하나씩 쌓아가 보라. 이런 패턴으로 작은 성공과 성과가 쌓이다 보면 자신에 대한 믿음이 생기고, 더 큰 목표에 도전할 용기가 생겨 지속적인 성장으로 이어질 것이다.

다시 한 번 말하지만, 성공한 사람들은 남들보다 뛰어난 능력을 가졌기 때문에 성공한 것이 아니다. 그들은 시작하기 전에 목표가 반드시 이뤄질 것을 확신하고 시작했기에 끝까지 버티고 해낼 수 있었던 사람들이다.

그러니 어떤 일에 도전하든 긍정적인 가능성을 믿어보자. 확신이 생기면 적극적으로 행동하게 되고, 그 적극적인 행동은 결국 성공이라는 결과를 불러올 것이다.

사람은 자신이 그린 대로
삶을 살게 된다

***

해외 어디든 자유롭게 여행하며, 먹고 싶은 것을 마음껏 먹고, 고급 차를 타고, 별장에서 지인들과 바비큐 파티를 하는 삶. 한때는 막연한 상상이었던 이 모든 것들이 지금은 현실이 되었다.

나조차도 신기한 일이지만, 절대 우연은 아니다. 가난한 현실 속에서도 늘 성공한 모습을 상상해왔고, 그 그림을 완성하기 위해 하루하루를 살아온 시간의 결과물이다.

20대 시절, 나는 미래의 성공한 내 모습을 다이어리에 적어두었다. 그 당시에는 돈을 많이 벌거나 성공하는 방법을 알지는 못했지만, 내가 앞으로 이루고 싶은 모습은 명확하게 그릴 수 있었다. 실제로 성공을 하고 보니 돈 버는 기술보다 더 중요한 것은 내가 이루고 싶은 미래의 모습을 명확하게 그려놓는 것이었다. 사람은 신기할 만큼 자신이 그린 대로의 삶을 살아가기 때문이다.

지금 당신이 마음속에 그리고 있는 인생의 모습은 어떠한가? 혹시 스스로 한계를 설정하고 '이건 나와는 거리가 먼 이야기야', '불가능해'라며 평범한 미래를 고정시켜버리고 있지는 않은가? 그렇다면 지금 당장 그런 생각을 멈추길 바란다. 평범한 생각은 평범한 결과를 만들 뿐이다. 그런 생각으로는 확률이 낮은 복권에 당첨되지 않고서야 바뀔 수 있는 미래는 없다.

성공한 사람들은 미래의 모습을 상상하는 점에서 대중과는 확연하게 다르다. 그들은 우선 자신의 현실에서 불가능할 정도로 큰 성공의 그림(목표)을 그린다. 그리고 그 그림을 실현시키기 위한 구체적인 작은 단계들을 차근차근 설정한다. 커다란 퍼즐을 완성하려면 작은 조각을 하나씩 맞춰가야 하듯이, 큰 목표도 작은 목표를 하나씩 이뤄나가는 과정에서 점차 현실이 되어간다.

지금 자신의 미래를 한번 그려보아라. 10년 후 당신의 모습은 어떠한가? 이때 중요한 건, 자신의 '현재' 조건만을 보고 상상하지 말라는 것이다. 현재의 조건 내에서 상상한 제한된 그림이 아닌, 자신이 상상할 수 있는 가장 부유하고 가장 성공한 모습의 '미래의 나'를 그려야 한다.

미래를 그릴 때는 수치까지 함께 그려보는 것이 좋다. 모으고 싶은 자산은 얼마인지, 얼마짜리 집에서 살고 싶은지, 이러한 목표를 이뤄낼 기간은 어느 정도로 잡을 것인지 등 구체적인 숫자로 말이다. 현실적으로 가능해 보이는 수치보다는 훨씬 더 큰 꿈을 그려라. 생각하는 것보다 인생은 훨씬 더 자신이 그려놓은 대로 그림을 완성해가기 때문이다.

세계적인 자기계발 전문가 브라이언 트레이시는 이렇게 말한다.
"꿈을 꿀 수 있다면 행동할 수 있고, 행동할 수 있다면 원하는 대로 될 수 있다."

우리의 삶을 결정하는 것은 결코 현재의 환경이 아니다. 어떤 꿈을 꾸고, 그 꿈을 얼마나 확신하며, 행동으로 옮기는지가 미래를 바꾸는 것이다.

기억하라. 지금 당신이 어떤 환경에 있든 얼마나 힘든 상황에 처해 있든 그것이 당신의 미래를 결정하지는 않는다. 가난한 집에서 태어났다고 평생 가난하게 사는 것이 아니고, 지금 실패했다고 앞으로도 계속 실패하는 것이 아니다.

진짜 당신의 미래를 만드는 것은 어떤 꿈을 품고 있는지, 그 꿈을 얼마나 간절히 믿고 있는지, 그리고 그 믿음을 실제 행동으로 옮기고 있는지 여부이다.

이제부터는 당신이 원하는 미래의 삶을 선명하고 구체적으로 그려라. 그리고 그 그림대로 살아가라. 결국, 사람은 자신이 그린 대로 살아가게 되어 있다. 운명은 이미 정해져 있는 것이 아니라, 우리가 매일매일 해나가는 선택의 결과물임을 잊지 말아라.

목표 설정의 기술

***

　목표의 중요성을 알았다면, 이제 그 다음은 목표를 어떻게 설정하느냐이다.
　보통 목표를 세워보라고 하면, 자신의 현 상황을 감안하여 '현실적인 목표'를 세우려 한다. 하지만 앞에서도 말했듯, 목표는 현재보다 조금 나아지는 수준으로 정해선 안 된다. 목표는 항상 자신이 적당하다고 생각하는 수준보다 높아야 한다.

　성공한 사람들을 보면 한 가지 공통점이 있다. 그들은 '적당한 목표'에 머물지 않았다는 점이 바로 그것이다. 오히려 주변 사람들이 "그건 무리야"라고 말할 정도의 높은 목표를 세운다.

높은 목표를 강조하는 이유는 목표 자체가 자신의 성장 가능성을 정하기 때문이다. 낮은 목표를 세우면 사람은 노력을 적당히 하게 되고 그 과정이 지루해진다. 하지만 높은 목표가 있으면 그 과정에서 성취감을 느끼고, 매 순간을 의미 있고 활력 있게 만든다. 마치 게임에서 너무 쉬운 스테이지는 재미없지만, 적당히 어려운 스테이지는 계속 도전하고 싶어지는 것과 비슷하다.

하지만 목표가 막연해서는 안 된다. 목표는 높지만 구체적일수록 강력한 동기부여가 되기 때문이다.

현재 비만인 두 사람을 떠올려보자. A는 막연히 '살을 좀 빼야지'라고 생각하고, B는 '6개월 안에 바디프로필 촬영'이라는 구체적이고 도전적인 목표를 세운다. 그러면 B는 어떻게든 목표를 이루기 위해 근력 운동, 식단 관리, 유산소 프로그램까지 체계적으로 계획하게 될 것이다.

생각해보라. 하루하루를 겨우 러닝머신 위에서 버티는

사람과, 잘 보이는 곳에 원하는 바디프로필 사진을 붙여두고 이를 악물고 계획한 대로 훈련하는 사람을. 동일한 6개월이더라도 두 사람이 보내는 시간의 밀도는 결코 같을 수가 없으며, 그에 따른 결과 역시 비교할 수 없을 정도로 다를 것이다.

투자도 마찬가지다. 나는 경매 공부를 시작했을 때 단순히 경매 지식만 이해하는 것이 아니라 고수의 수준까지 오르겠다고 마음먹었기 때문에 더욱 집중해서 긴 시간을 공부할 수 있었다. 그런데 보통은 경매 공부를 조금 해보고 어렵다고 하거나, 법원 입찰장에 한 번 다녀오고 경쟁이 너무 치열하다며 포기한다.

하지만 처음부터 '1년 안에 경매 공부를 하고 무조건 1건을 낙찰 받는다'는 목표로 공부를 시작한 사람은 다르다. 남들보다 훨씬 더 오랜 시간 집중해서 공부할 수 있고 한두 번의 실패에도 흔들리지 않으며, 결국 좋은 성과를 만들어낸다. 이들은 시간이 지나면 초보들과는 전혀 다른 시야와 판단력을 갖게 된다. 이처럼 목표를 명확하게 정하면 결과가 더 좋을 수밖에 없다.

또한, 목표는 반드시 '구체화'하고 '수치화'해야 한다. 예를 들어, 자산 10억 원을 만들겠다는 목표를 세웠다면, 언제까지 달성할 것인지, 매월 얼마씩 모을 것인지, 어떤 방법으로 늘려갈 것인지까지 세부적으로 계획을 짜야 한다. 이렇게 목표를 이루는 데 필요한 단계들이 구체적으로 수치까지 정해지면 이후 실행은 더욱 수월해진다.

목표를 세울 때는 두 가지만 기억하면 된다.

첫째, 지금의 나로서는 불가능해 보이는 수준으로 높게 세워라. 작은 목표는 작은 결과만 가져다 줄 뿐이지만, 큰 목표는 인생 자체를 바꿔놓을 것이다.

둘째, 언제·어떻게·얼마나 구체적으로 달성할지 명확히 해라. 그리고 큰 목표를 작은 단계들로 나누어 오늘 당장 할 수 있는 일부터 시작하라.

이렇게 하면 놀라운 일이 일어날 것이다. 매일 아침 일어날 이유가 생기고, 시간을 허비하는 일이 줄어들며, 하루하루가 의미 있어질 것이다. 목표가 있는 사람과 없는 사람의 차이란 바로 이런 것이다.

지금 당장 자신의 목표를 점검해보자. 그 목표는 충분히 크고 도전적인가? 그 목표로 가는 디딤돌이 되어 줄 세부 계획은 충분히 구체적인가? 목표와 계획이 세워졌다면 지금 당장, 아주 작은 것부터 바로 실행에 옮겨보자. 이것이 바로 목표를 현실로 만드는 기술이다.

백번쓰기하면 정말 성공할까요?

***

지금은 성공을 위한 여러 비법과 이론들이 넘쳐나는 시대다. 그중에는 여러 전문가들이 추천하는 것이 있는데, 바로 '백번쓰기'와 '끌어당김의 법칙'이다. 이에 대한 나의 생각을 이야기해보려고 한다.

결론부터 말하자면 두 가지 방법 모두 효과가 있다. 다만 주의해야 할 점은 그저 그 행위 자체에만 집중하면 안 되고, 현실에서의 목표 설정과 실행을 함께 병행하면서 해야만 한다는 것이다.

우선 백번쓰기부터 알아보자.

백번쓰기는 자신이 원하는 목표를 매일 백번 쓰는 것을 반복하면 어느 순간 그 목표가 이루어진다는 것이다. 하지만 어떤 사람은 백번쓰기를 정말 오랫동안 지속했음에도 목표가 이루어지지 않았다고 하기도 한다. 왜 이런 현상이 생기는 것일까?

연초가 되면 많은 사람들이 새해 목표를 세운다. 하지만 대부분은 그 목표가 흐지부지 되어 버린다. 이유는 무엇일까? 단순히 목표는 세웠지만 실천이 지속되지 않았기 때문이다.

자신의 목표를 이루기 위해서는 지속적인 실천이 뒷받침되어야 한다. 이처럼 지속적인 실천을 하기 위해서는 우선 목표를 달성하겠다는 자신의 의지가 흔들리지 않아야 하는데, 이 과정에서 가장 효과적인 도구가 바로 '기록'이다. 그래서 기록의 방법 중 하나인 '백번쓰기'를 활용하는 것이다.

손으로 매일 목표를 반복해 적으면서 우리의 내면에 강한 메시지를 각인시켜, 목표를 이루겠다는 결심이 흔들리지 않도록 하여 실천을 지속할 수 있게 만들어 주는 것이다.

백번쓰기는 마법의 주문이 아니다. 단지 목표에 대한 결심을 굳건히 하는 하나의 수단에 불과하다. 그래서 마치 소원을 빌 듯 그 목표를 적는 것 외에는 아무것도 하지 않고 저절로 목표가 달성되기만을 바란다면 당연히 될 리가 없다.

목표 달성은 그에 대한 세부 계획과 실천이 수반되어야만 가능하다. 하지만 실패한 사람의 경우 이 과정이 뒤따르지 않았기 때문에 좋은 결과를 맞이하지 못한 것이다.

실제로 나는 지금까지 백번쓰기를 해본 적이 없다. 백번쓰기를 하지 않더라도 플래너에 적어둔 목표를 일주일에 한두 번씩 보면서 그 결심을 흔들리지 않도록 했는데, 나는 그것만으로도 충분했다.

이처럼 백번쓰기를 하지 않더라도 결심을 굳건히 할 수 있는 사람이라면 굳이 하지 않아도 된다. 그러나 만약 이것이 힘들어서 백번쓰기를 하겠다면 나는 그것도 적극 찬성이다.

다만, 그 효과를 제대로 얻기 위해서는 이때 작성하는 목표는 구체적이고 명확해야 한다. 앞에서도 이미 말했듯,

단순히 '건강해지겠다'가 아니라 '매일 30분 이상 운동하고, 6개월 안에 체지방률을 15%로 줄이겠다'처럼 구체적인 수치까지 포함하면 좋다. 목표가 명확할수록 우리는 보다 구체적인 행동을 취할 수 있게 되기 때문이다.

혹시 백번쓰기 말고 다른 방법을 원한다면, 목표를 이룬 자신의 모습을 시각적으로 이미지화해 보는 것을 추천한다. 이미지는 글보다 각인 효과가 강해 반복적으로 떠올리기가 더 수월하다. 목표가 이루어진 자신의 모습을 생생하게 상상하며, 이미지로 남기면 동기 부여가 더욱 강화된다.

이는 내가 「엑시트 플래너」에 '성공한 자신의 모습을 이미지로 구체화하기'라는 부분을 넣어둔 이유이기도 하다. 실제로 많은 엑시트 플래너 사용자들이 이미지를 붙여 넣는 것이 정말 강력한 동기부여가 되었다고 입을 모아 말한다.

결국 백번쓰기에서 중요한 것은 목표에 대한 의지를 흔들리지 않도록 유지하는 것이다. 인간은 망각의 동물인지라 시간이 지나면 결심은 흐려지기 마련이다. 그래서 기록하거나 이미지를 보면서 결심을 흔들리지 않도록 하는 것이다. 책상 위에 결심을 써서 붙여두거나 목표 사진을 붙여두는 것도 그런 의미이다.

다음은 끌어당김의 법칙이다.

전 세계적으로 베스트셀러가 되었던 「시크릿」을 비롯한 많은 자기계발서에서 강조하는 것이 바로 '끌어당김의 법칙'이다. 이 법칙의 핵심은 우주에는 보이지 않는 에너지와 파장이 존재하며 우리가 어떤 생각을 하느냐에 따라 해당 에너지가 끌려온다는 것인데, 어려운 말들은 신경 쓸 필요 없고 이것 하나만 기억하면 된다. 긍정의 생각은 긍정적인 결과를 끌어당기고, 부정의 생각은 부정적인 결과를 끌어당긴다.

끌어당김의 법칙에서 주의해야 할 점은 이루고 싶은 목표가 있다면, '이루고 싶다'고 말하는 것이 아니라 자신이 원하는 것을 '이미 가진 것'처럼 말하고 생각해야 한다는 것이다. 즉, '돈을 많이 벌고 싶다'가 아닌 '나는 이미 돈을 많이 벌어서 너무 행복해'라고 말하는 식이다.

잠재의식은 현실과 가정을 구분하지 못하기 때문에 이런 긍정의 말을 반복하고, 이루어졌을 때의 감정과 느낌을 반복하면 주위의 좋은 에너지를 끌어당겨서 결국 자신이 원하는 수준에 이르게 된다는 것이다.

물론 끌어당김의 법칙의 진위를 놓고는 정말 말이 많다. 일부에서는 이 법칙이 양자역학이나 뇌과학을 왜곡해서 설명한 것이라고 지적하기도 한다. 이쯤에서 내가 생각하는 끌어당김의 법칙에 대해 말해보고자 한다.

나는 이 법칙에 대한 과학적 또는 학문적인 정확한 근거를 찾아내려는 행위 자체가 불필요하다고 생각한다. 그저 이 법칙을 자신에게 맞게 해석하여 긍정적인 부분만 잘 활용한다면, 그것만으로도 충분하지 않은가.

실제로 내 주변에도 이 법칙을 믿고 긍정적인 생각을 반복했더니 신기하게도 좋은 일들이 계속 이어졌고, 만나고 싶었던 사람을 실제로 만날 수 있게 되면서 현재의 성공을 이뤘다고 말하는 사람들이 꽤 많다. 내 주변만 봐도 그러한데 이 법칙의 긍정적인 부분을 통해 자신의 인생을 바꾼 사람이 전 세계적으로는 얼마나 많겠는가. 과학적으로 명확히 증명되지 않았다고 해서 아무런 가치가 없다고 단정 짓는 것이 오히려 어리석은 판단이라 생각한다.

그렇다면 이 법칙을 어떻게 활용할 수 있을까?

끌어당김의 법칙은 스스로 성공한 사람이라고 생각하게 만들어, 현실에서 긍정의 에너지가 넘치는 사람으로 변화시킨다는 것이 핵심이다. 실제로 사람은 밝고 좋은 기운을 지니고 있으면 좋은 인연이 맺어지고, 그에 따라 좋은 일들이 더 많이 일어난다.

특히 어떤 목표에 도전할 때는 목표를 이루기까지 걸리는 긴 과정에서 확신을 잃지 않고 즐거운 마음으로 지속하는 것이 무엇보다 중요하다. 바로 이 지점에서도 끌어당김의 법칙이 도움이 된다. 이미 성공한 자신을 상상하며 긍정적인 에너지를 유지하는 데 활용하면 되는 것이다.

실제로 목표가 이루어진 자신의 미래 모습을 자주 상상하는 것만으로도 우리는 확신을 얻게 되고, 더 자신감을 가지고 활력 있게 행동할 수 있게 된다. 이것이 과학적으로 증명되었든 아니든 상관없다. 이를 통해 내 삶이 달라진다면 그것만으로 충분하다.

성공은 노력과 운, 어느 하나만으로 이뤄지지 않는다. '운칠기삼(運七技三)'이라는 말도 있듯, 성공은 노력과 운이 어우러져 만들어지는 것이다. 따라서 우리는 스스로 운을 좋게 만들기 위해 긍정의 생각을 하면서 자신을 밝은 사람으로 만들어야 한다. 그러면 좋은 사람들이 다가올 것이고, 좋은 기회들이 주어지면서 운이 더욱 확장될 것이다.

결론은 백번쓰기나 끌어당김의 법칙은 성공의 도구 중 하나일 뿐, 마법의 주문이 아니라는 것이다. 진정으로 성공하기 위해선 구체적이고 명확한 목표와 그에 맞는 지속적인 실천이 뒷받침되어야만 한다.
이를 통해 여러 작은 성공을 맛보고 멘탈을 점차 단련해 나가면, 나중에는 이러한 과정 없이도 목표를 완주해내는 그런 사람이 되어 있을 것이다.

왜 시작이 반이야?

***

"시작이 반이다."

우리는 이 말을 수도 없이 들어왔다. 무언가를 시작할 때면 주변에서 흔히들 하는 말이다. 어린 시절 나는 이 말의 뜻이 정말 궁금했다. '난 이제 막 공부를 시작했는데 이게 어떻게 반이나 한 게 될 수 있지?' 하고 이해가 되지 않았던 것이다. 하지만 세월이 흐르고 수많은 일을 겪어오면서 그제야 시작이 반이라고 하는 온전한 의미를 이해할 수 있게 되었다.

우리는 살아가면서 수없이 많은 결심을 한다. 하지만 새로운 도전이나 변화를 꿈꾸면서도, 정작 시작조차 하지 못하고 흘려버리는 경우가 많다. 왜일까? 새로운 결심을 실행으로 옮기는 것이 그만큼 힘들기 때문이다. 그래서 일단 시작하는 것, 그 자체만으로도 큰 의미를 갖는 것이다.

우리는 실제로 해보지도 않고 머릿속에서 일을 더 어렵게 생각하는 경향이 있다. 이렇게 스스로 장애물을 만들어 내는 것이다.

사람의 뇌는 새로운 일을 시작하기 전에는 막연한 불안과 걱정으로 가득 차지만, 막상 시작하고 행동에 돌입하면 그에 대한 해결책을 찾는 데 몰입한다. 일단 시작하는 것만으로도 우리의 사고방식이 완전히 바뀌는 것이다. 따라서 중요한 것은 시작하기 전에 머릿속에서 계산하는 것이 아니라, 그 결심을 바로 실행으로 옮기는 것이다.

운동을 결심했지만 어떻게 할지 막막하다면, 일단 운동복을 입고 집 밖으로 나가는 것부터 시작하면 된다. 공부를 하고 싶다면 거창한 이론이나 방법을 생각하지 말고 가벼운 책을 읽는 것부터 시작하면 된다.

변화란 거창한 선언을 통해 한 번에 이루어지는 그런 것이 아니다. 이러한 작고 사소한 행동들이 쌓여 결국에는 큰 변화를 만드는 것이다.

삶을 변화시키고 싶다는 생각이 드는가? 그렇다면 너무 많은 고민을 하지 말고, 지금 바로 시작하라. 목표를 세우고 가볍게 시작하는 것이 습관으로 자리 잡히면 그때부터는 정말 많은 일들을 해낼 수 있게 될 것이다.

기억하라. 가장 어려운 것은 시작하는 것이고, 시작하는 순간 당신은 이미 절반의 성공을 이룬 것이다.

길게 보는 사람이 결국 성공한다

***

"어떻게 하면 제가 세운 목표를 끝까지 해낼 수 있을까요?" 많은 사람들이 던지는 이 질문에 나는 이렇게 답하곤 한다. "긍정적인 결과가 나올 때까지 해나갈 수 있도록, 애초에 기간을 넉넉하게 설정하세요."

공부든 운동이든 그 어떤 것이든 마찬가지다. 짧은 기간에 결과를 내려는 마음은 오히려 실패의 가장 큰 원인이 된다. 기간을 짧게 잡으면, 지금 분명히 성장하고 있는 과정임에도 바로 눈에 보이는 성과가 없다고 중도에 포기해버린다.

나는 어떤 목표든 처음부터 중장기적인 관점에서 기간을 설정해왔다. 돈을 모을 때도, 새로운 공부를 시작할 때도 기간을 여유 있게 설정했다. 목표를 달성할 기간을 여유 있게 두면 결과가 빨리 나오지 않더라도 흔들리지 않을 수 있고, 오히려 그 과정을 즐길 수 있는 힘이 생긴다.

지금까지 다양한 분야의 공부를 하고 여러 사업을 해왔는데, 실제로 목표를 세우고 약 2~3년이 지났을 때부터 긍정적인 결과가 나오기 시작했다. 그래서 난 지금도 어떤 것을 시작할 때든 '최소 2~3년은 기본이다'라는 생각으로 접근한다.

만약 이 기간 내에 결과가 나오지 않더라도 괜찮다. 그러면 1년을 더 하면 되고, 그래도 안 나오면 또 1년을 더 하면 된다. 포기하지 않는 한 결과가 나올 때까지 지속한다면 반드시 성공하게 되어 있다.

그래서 나는 앞으로 이루고 싶은 목표를 아주 신중하게 정한다. 어떤 것이든 한 번 정하면 2~3년은 기본이고 절대 포기하지 않을 것임을 알기 때문이다. 이것이 바로 내가 많은 성공을 이뤄낼 수 있었던 실제 비결이다.

나이를 먹는 것이 순간처럼 느껴지듯 시간은 생각보다 훨씬 빠르게 흐른다. 2~3년이라는 시간도 지나고 보면 결코 길지 않다. 이러한 패턴에 익숙해지면 어떤 목표든 기간에 얽매이지 않게 된다. 오히려 그 과정 자체를 즐기게 되고, 시행착오 역시도 성장의 일부로 당연하게 받아들일 수 있게 된다.

이런 이유로 나는 '속성'이라는 단어를 좋아하지 않는다. '30일 만에', '3개월 완성' 같은 것들 말이다. 처음부터 속성이 아닌 중장기로 생각하고 임한다면 기본기부터 탄탄하게 쌓아갈 수 있을 것이다. 그리고 이처럼 꾸준히 경험하며 차근차근 배워나간 사람은 단기로 가볍게 접근한 사람과는 비교할 수 없을 정도의 실력을 갖추게 된다.

생각해보라. 1년 안에 무언가를 이뤄내려고 조바심을 내며 스트레스 받는 사람과 3년이라는 여유를 두고 천천히 그러나 확실하게 나아가는 사람 중 누가 더 멀리 갈 수 있을까? 1년 안에 이뤄내는 것과 3년 안에 이뤄내는 것은 난이도부터 다르다. 또한 완성도와 숙련도에서도 큰 차이가 날 수밖에 없다.

결국 성공은 처음부터 목표 달성 기간을 여유 있게 설정하고, 포기하지 않은 결과이다. 목표를 이루는 건 타고난 능력이 아니라 끝까지 포기하지 않는 사람의 몫임을 기억하라.

실패를 과정이라 생각하라

***

누구나 성공을 원하지만 실패는 두려워한다. 그래서 우리는 어떤 일을 시작할 때 잘 되었을 때의 모습만 상상하고, 그 안에 숨어 있는 시행착오의 과정은 간과하는 경우가 많다.

많은 이들이 이런 말을 한다.
"남들이 하는 걸 보면 쉽게 할 것 같았는데, 막상 직접 해보니 이렇게 힘든 건 줄 몰랐어요."
그들은 겉으로 드러난 결과만 보았지, 그 뒤에 깔린 수많은 과정과 시행착오를 계산하지 못한 것이다.

어떤 일이든 능숙해지고 완성이 되기까지는 넘어지고 벽에 부딪히는 과정을 겪어야만 한다. 누구든 단 한 번의 시행착오 없이 성공하는 경우는 거의 없다.

이때 중요한 건 자신의 실수를 어떻게 해석하느냐다. 실수를 '끝'이라고 생각하면 포기하게 된다. 그러나 이를 '성공으로 가는 과정'이라 받아들이는 사람은 오히려 실수 속에서 배움을 찾으며 더욱 성장하게 된다.

우리는 어려서부터 실패를 '나쁜 일'로 여기도록 교육받아 왔다. 그래서 실패하지 않는 것이 곧 성공이라 착각한다. 하지만 현실은 정반대다. 성공한 사람들은 절대 실패를 피하지 않는다. 오히려 그 실패를 정면으로 마주하고, 그 속에서 답을 찾아 더 나은 방향으로 나아간다.

애플의 창업자 스티브 잡스도 이런 말을 했다.

"Sometimes when you innovate, you make mistakes. It is best to admit them quickly, and get on with improving your other innovations."

"가끔은 혁신을 추구하다 보면 실수를 할 때도 있다. 하지만 빨리 인정하고, 다른 혁신을 개선해 나가는 것이 최선이다."

 아무리 천재적인 능력을 갖고 있더라도 누구나 실수를 할 수 있다. 중요한 것은 실수했을 때 그것을 부정하지 않고, 빠르게 인정하고 개선하면서 다음 단계로 나아가는 것이다.
 결국 성공하는 사람과 보통 사람의 차이는 실수를 하느냐 하지 않느냐가 아니라, 그 실수를 어떻게 받아들이고 어떻게 대응하느냐의 차이다.

 새로운 도전 앞에서 실수를 두려워하지 마라. 어떤 일이든 처음부터 완벽할 수는 없고, 누구나 넘어지고 흔들린다. 실패는 끝이 아니라 성장하는 과정이다.
 성공은 실패하지 않는 사람이 아니라, 실패를 과정이라 여기며 끝까지 완주하는 사람에게 주어지는 것이다.

과정을 즐기는 사람이
결국 성공한다

***

"인생을 즐겨라."

주변에 이런 조언을 하는 인생 선배가 있다면, 그는 삶을 깊이 있게 경험하며 인생을 제대로 살아온 사람일 가능성이 높다. '즐긴다'는 말에는 단순한 감정 이상의 깊은 뜻이 담겨 있기 때문이다.

즐긴다는 건 어떤 상황에서도 자신이 선택한 삶을 있는 그대로 받아들이고, 그 안에서 긍정적인 면을 찾으려는 자세를 말한다. 이것이 진정한 '즐기는 태도'이다.

내가 처음 즐기라는 말을 들은 건 군대 훈련소에서였다.

훈련소 조교가 툭 내던진 한마디가 "피할 수 없다면 즐겨라"였다. 처음에는 이게 대체 무슨 소리인지 이해할 수가 없었다. '이렇게 힘든데 도대체 뭘 어떻게 즐기라는 거야?'라는 생각밖에 들지 않았다.

그러나 제대를 하고 인생을 살아가면서 나는 서서히 그 말의 진정한 의미를 깨닫게 되었다.

즐긴다는 것은 단순히 기분이 좋은 상태가 아니라, 어떤 일을 할 때 자신의 마음가짐을 말하는 것이다. 기왕 해야 할 일이라면 한숨 쉬며 억지로 하는 것보다, 기꺼이 받아들이고 하는 것이 훨씬 낫다. 그 마음가짐의 차이는 결국 결과에서 엄청난 차이를 만들어낸다.

즐긴다는 것은 또한, 달려가는 과정에서 '마음의 여유'를 갖는다는 걸 의미하는 것이기도 하다. 어떤 일이든 완성을 하려면 잠깐의 시간이 아니라 어느 정도의 긴 시간이 필요하다. 과정 속에서 여유를 찾고 즐겨야 그 긴 시간을 버텨내며 지속하는 것이 훨씬 수월해진다.

이처럼 과정을 즐기는 사람은 무엇을 하든 끝까지 완주

할 수 있고, 결국 긍정의 결과를 만들어낸다.

나도 어떤 일을 하든지 그 과정을 즐기려고 노력한다. 현재의 나에게 부족한 부분이 있다면 일을 완성하기까지 시간이 걸리는 건 당연하다. 이 사실을 받아들이면 조급하지 않고, 항상 긍정의 모드로 계속 나아갈 수 있게 된다. 이는 운동에서든 투자에서든 사업에서든 어떤 목표든 모두 마찬가지다.

언젠가 넷플릭스에서 마이클 조던의 다큐멘터리를 본 적이 있다. 많은 사람들이 마이클 조던을 '농구의 신'이라고 말하며 타고난 천재라 생각한다. 나 역시 그랬다. 하지만 이 다큐멘터리는 이러한 나의 선입견을 완전히 깨뜨렸다.

그는 대학 시절, 농구 선배와의 1:1 게임에서 12번 연속 패배한 적이 있다. 놀랍지 않은가. 농구의 신이라 불리는 사람이, 그것도 최고의 프로 선수도 아닌 대학 선배에게 이런 좌절을 겪었다는 사실이 말이다. 지금으로선 상상할 수 없는 이야기지만 사실이다.

그러나 조던이 다른 이들과 달랐던 점은 그 좌절을 두려워하지 않았다는 점이다. 자신의 실력이 부족하다는 사실을 인정하고, 새벽부터 밤까지 훈련에 몰입했다. 그는 이를 고통이 아니라 성장의 일부로 받아들였고, 과정 자체를 즐기려 했다.

시카고 불스에서 우승을 거듭하던 시기에도 그의 훈련량은 줄지 않았다. 사람들이 그를 '신과 가장 가까운 사람'이라 부르던 그 시기조차 그는 여전히 코트에서 땀을 흘리고 있었다.

어떤 일을 즐기면서 하게 되면 업무효율성도 높아진다. 실제로 하버드 경영대학원의 테레사 아마빌레 교수팀은 '전진의 법칙(The Progress Principle)'이라는 연구에서 이를 과학적으로 입증했다. 238명의 다양한 직군의 사람들을 추적한 결과, 자신의 일을 즐긴다고 느끼는 사람은 그렇지 않은 사람보다 생산성이 31%나 높았고, 창의성은 무려 3배 이상 높게 나타났다. 이는 과정을 즐기는 태도가 실제 우수한 성과로 이어지는 실질적인 성공 요인이자 핵심 동력임을 보여준다.

현재 당신이 어떤 목표를 향해 나아가고 있다면, 스스로에게 물어보아라.

'나는 지금의 과정을 억지로 참고 견디고 있는가, 아니면 즐기고 있는가?'

성공을 원한다면 특별한 비법을 찾으려 하지 말고, 먼저 지금의 과정을 있는 그대로 받아들이고 즐기는 것부터 시작하라. 지금의 부족함을 인정하고, 앞으로 더 나아질 것이라 믿으며 지속하는 것이다.

과정을 즐기는 사람은 성장이 멈추지 않는다. 결국 정상에 오르는 사람은 '즐기는 사람'임을 잊지 말아라.

"그냥 해라. 재미를 느껴라. 과정을 즐겨라." – 마이클 조던

성공의 반대말은 대중이다

***

나는 어떠한 투자를 고민할 때는 지금 하고 있는 생각이 다수의 생각인지 소수의 생각인지를 먼저 짚어본다. 나는 늘 소수의 관점에서 생각하려고 하고, 이런 패턴은 언제부턴가 습관이 되었다.

사람들은 본능적으로 다수가 선택하는 것이 옳고 안전하다고 믿는 경향이 있다. 다수가 선택했기에 검증되었을 것이라 생각하고, 그 선택을 따르는 것이 당연히 맞을 것이라는 생각에 안도감을 갖는다. 이것이 바로 군중심리다. 많은 사람들과 함께하면서 자신의 생각에 더욱 확신을 갖는 것이다.

예전에 일본 TV 프로그램에서 흥미로운 실험을 본 적이 있다. 한 사람만 빼고 다수의 사람들이 엉뚱한 행동을 할 때, 나머지 한 사람도 다수의 행동을 따라 하게 되는지를 실험한 몰래카메라였다. 하늘에서 아무것도 떨어지지 않는데도 다수의 사람들이 바닥에 엎드리자, 그 옆에 혼자 있던 사람도 이유를 모른 채 함께 엎드리는 장면이 연출되었다. 이 몰래카메라는 웃긴 장면을 담기 위해 만들어졌겠지만, 동시에 대중의 심리를 그대로 보여주는 실험이었다.

대중들이 다수를 따라하는 심리는 부동산, 주식, 코인 등의 투자나 창업시장에서도 그대로 나타난다. 누군가 그 업종으로 대박을 냈다는 말을 들으면 우르르 따라가 그것을 매수하거나 창업한다. 대중들은 다른 사람이 수익을 낸 모습을 보면서 자신도 동일하게 좋은 결과를 맞이할 수 있을 거라 생각하기 때문이다. 그러나 현실은 정반대다.

그렇다면 어떻게 해야 할까? 다수의 행동이 무조건 옳을 것이라는 생각을 버리고, 스스로 팩트 체크를 해야만 한다. 우선은 그 분야가 앞으로도 성장 가능성이 있는지, 시장의 흐름은 어떠한지, 자신의 자금과 여건에 맞는 선택인지 등을 꼼꼼히 확인해야 한다. 하지만 많은 사람들은 이런 기본적인 요건보다 타인의 성과에 더욱 초점을 두는 것이 문제다.

그래서 주식시장에서 개미들이 사는 종목은 떨어지는 경우가 많은 것이다. 창업시장도 마찬가지다. 한때 탕후루, 대만 카스테라, 핫도그, 인형 뽑기 등의 가게가 잘 된다고 하니 전국에 비슷한 점포가 기하급수적으로 생겨났고, 그 결과 경쟁이 치열해지고 수익률이 나빠지면서 결국 수많은 가게가 문을 닫고 말았다.

이처럼 누군가 무언가로 수익이 났다는 소문이 돌면, 그 다음 많은 대중들이 따라하면서 가격이 더욱 상승하는 효과가 반짝 발생한다. 하지만 결국 그 타이밍 이후부터는 가격이 계속 빠지면서 끝물이 되어버린다. 과거의 경제 뉴스를 확인해 보면 이러한 패턴은 계속 반복되어 왔다는 사실을 알 수 있는데, 이는 앞으로도 마찬가지일 것이다.

그래서 나는 늘 '대중과 반대 방향으로 생각하라'는 원칙을 되새긴다. 대중의 선택은 이미 시장에 반영되어 있는 경우가 대부분이고 그때는 이미 끝물인 경우가 많기 때문이다.

반면, 대중이 관심을 두지 않는 곳에는 아직 발견되지 않은 기회와 가치가 숨어 있다. 성공한 기업가들은 이러한 소수의 원리를 활용하여 기회를 찾아 먼저 시작하고, 나중에는 다수가 따라서 참여하도록 마케팅을 활용한다. 즉, 대중이 관심을 갖기 시작할 때는 이미 초기 기회를 놓친 상태인 경우가 대부분이다.

따라서 다수의 선택이 반드시 옳은 것은 아니라는 사실을 알고 이해해야 한다. 무언가 판단이 필요할 때는 다수의 선택에 현혹되지 말고, 팩트를 체크하면서 현명하게 판단하길 바란다.

나는 이제 훈련이 되어서 익숙하지만, 대중과 반대로 사고하고 행동하는 것이 결코 쉬운 일은 아니다. 하지만 늘 노력해야 한다. 모두가 좋다고 이야기할 때는 가격이 하락하고 끝물일 가능성을 생각하고, 모두가 두려워할 때는 기회를 찾을 수 있다고 생각해야 한다. 이처럼 반대로 생각하고 행동하는 소수의 사람이 결국 부를 차지하게 되는 것이다.

정말로 성공하고 싶은가? 그렇다면 대중과 반대의 길을 선택하라.

대체 불가한 사람 되기

***

나는 어느 조직에 들어가든 처음부터 '대체 불가한 사람'이 되겠다고 마음을 먹는다. 신입일지라도 언젠가 그 조직의 핵심적인 역할을 하겠다는 포부를 갖고 시작하는 것이다.

나의 첫 직장은 부동산을 전문으로 하는 법률사무소였다. 30대를 넘긴 늦은 나이에 입사를 했기 때문에, 나보다 나이가 많은 상사들도 있었지만 나보다 어린 20대 선임들도 있었다.

내가 사무실에서 처음 맡게 된 일은 단순한 사무 보조였다. 하지만 난 일을 시작할 때부터 '보조'라고 생각하지 않고, 메인 업무를 익혀가는 과정이라 생각했다. 근무시간은 오전 9시부터 오후 6시까지였으나, 나는 매일 아침 7시에 출근했고 저녁 9시는 기본이고 더 늦은 시간까지 근무하기도 했다. 정해진 근무 시간에 배우는 것만으로는 부족하다고 생각했기 때문이다. 기왕 일을 할 거라면 하루라도 빨리 법률 지식과 법원 시스템까지 제대로 이해하고 싶었다.

전공이 화학공학이었던 나는 법률에 대해서는 완전히 백지 상태였다. 하지만 사무실에 비치된 소송 서류를 하나하나 읽어보면서 실제 소장은 어떻게 작성하는지, 변호사는 소송에서 어떤 역할을 하는지 등 변호사의 업무영역까지 익혀나갔다. 단순한 사무 보조가 아닌 '전문성을 가진 사람'이 되고 싶었다.

그렇게 시간이 흐르자 몇 개월이 되지 않아 사무실의 주요 업무가 자연스럽게 내 쪽으로 몰리기 시작했다. 처음에는 그저 사무 보조로 시작했지만, 간단한 소송 및 법원 업무, 부동산 시세조사, 명도, 매매 및 임대 관리까지 법률사무소의 거의 모든 실무를 맡게 되었다. 누가 시켜서가 아니라, 내가 직접 해보겠다고 하면서 하나씩 담당 업무가 늘어나게 된 것이다. 이것이 바로 내가 의도한 것이었다.

근무를 시작한지 6개월이 되는 시점에는 기존 직원들 업무의 상당부분을 도맡아 처리하게 되었고, 내가 모든 업무를 능숙하게 처리하게 되자 기존 직원 3명이 퇴사하게 되었다.

놀랍게도 이 모든 일이 벌어지는 동안 나의 급여는 겨우 100만 원이었다. 바로 직전 나이트클럽에서 아르바이트를 할 때 받던 350만 원과 비교하면 형편없는 수준이었지만, 나는 돈이 아닌 지식과 경험, 성장에 집중했다. 이것이 앞으로 나의 자산이 될 것이라 확신했기 때문에 진심으로 즐겁게 일했다. 그리고 그 확신은 틀리지 않았다. 1년 후 나의 직급과 연봉은 수직 상승했고, 수천만 원의 성과급까지 받았다. 2년이 채 되지 않은 시점에는 가장 높은 직급인 사무장으로 승진하여 경매 팀장까지 맡게 되었다.

내가 법률사무소를 퇴사할 당시 변호사님이 해주셨던 말이 아직도 기억에 생생하게 남아있다.

"송 사무장, 자네 책상은 평생 비워둘 것이니 언제든 돌아오게."

지금도 변호사님과는 여전히 안부를 주고받으며 좋은 관계를 유지하고 있다.

나의 이야기를 이렇게 구구절절 나열한 이유는 무엇일까? 시작점은 전혀 중요하지 않다는 것을 알려주고 싶었다. 비록 처음 시작은 초라할지라도 자신의 업무를 적극적이고 책임감 있게 하는 사람이라면 어디서든 성장해나갈 수 있다. 편의점 알바든, 카페 직원이든 상관없다. 중요한 건 어떤 마음가짐으로 일하느냐다. 알바생으로 시작했더라도 업무에 책임감 있고 적극적으로 임하면 매니저가 되고, 나아가 점포 운영까지 할 수 있게 되는 것이다.

언젠가 뉴스에서 은행 소속 운전기사로 시작해 은행의 지점장까지 된 남성을 본 적이 있다. 해당 뉴스를 보면서 난 그가 어떤 마음으로 일했을지 짐작할 수 있었다. 그는 기사로 시작했지만 단순히 운전만 한 게 아니라 조직에 꼭 필요한 사람이 되기 위해 끊임없이 노력했을 것이다.

어떤 조직에 있든 어떤 일을 하든 '사장의 마인드'로 임

해보라. 당장 누가 알아주지 않아도 괜찮다. 이런 마인드를 갖고 있다면 어디서든 누구도 대신할 수 없는 사람이 된다. 그때가 되면 기회와 성공은 자연스럽게 따라올 것이다.

내면이 바뀌면 저절로 부자가 된다

***

나는 가난이 정말 싫었다. 그래서 어릴 적부터 부자가 되고 싶다는 생각을 자주 했다. 하지만 정작 어떻게 부자가 될 수 있는지 알려주는 사람은 아무도 없었다. 돈 이야기를 꺼내면 부정적인 시선이 돌아왔고, "공부 열심히 해서 좋은 대학 가고, 안정된 직장에 들어가는 게 정답이야"라는 조언만 들려올 뿐이었다.

하지만 수많은 사람들이 그 길을 걸어왔지만, 부자가 된 사람은 거의 없다. 오히려 대기업에 입사하여 정년퇴직할 때까지 일을 했더라도, 경제적 자유를 이루지 못한 채 계속 일을 해야만 생계를 유지하는 삶을 살고 있다.

그렇다면 대체 어떤 방법으로 부자가 될 수 있는 것일까? 가장 좋은 방법은 부자를 직접 만나서 어떻게 돈을 벌었는지 물어보고 그대로 따라하는 것이다. 그러나 대부분은 부자를 쉽게 만날 수 없다. 그래서 과거의 나 역시 책을 통해 부자를 만났다. 책에서 만난 부자들의 생각과 성공 노하우를 하나씩 정리하고 소화해 가면서 내 삶이 조금씩 변화되어 가는 것을 느낄 수 있었다.

이제 나는 사람들이 말하는 소위 '부자'가 되었다. 과거에는 상상조차 할 수 없던 수준으로 부를 일구었다. 매월 받는 월세 수입이 충분해서 일을 하지 않고 여유 있게 소비를 하더라도 돈이 남는다.

나 스스로도 가난한 삶에서 부자가 되었고 이에 더하여 지금까지 많은 이들을 부자로 만들었기에, 이제는 어떻게 하면 부자가 될 수 있는지 확실하게 알고 있다.

사실 많은 사람들이 진정한 부가 무엇인지 그 의미도 제대로 모른 채 오직 돈만을 좇는다. 그래서 부자가 되려면 수단과 방법을 가리지 않고 오직 '돈'만 벌면 된다고 생각한다.

하지만 현실에서는 돈을 좇으면 좇을수록 오히려 점점 더 멀어지기 마련이다. 모든 생각을 '돈'에만 초점을 맞출 경우 오히려 경제적으로 결핍되어 가난하게 될 가능성이 높다. 돈돈 거린다고 돈이 마구 쌓이는 것이 아니라는 말이다.

사람들이 부자가 되지 못하는 가장 결정적인 이유는 긍정적이고 풍요로운 생각보다 부정적이고 가난한 생각을 하기 때문이다. 사람들은 과거의 실패한 경험에 집착하고, 부정적인 외부 상황과 현재의 가난에 집중한다. 하지만 내면에 이런 생각이 쌓일수록 오히려 안 좋은 일이 발생하며 주변 사람들도 떠나가게 된다.

이처럼 생각의 힘은 엄청나다. 자신이 어떻게 생각하느냐에 따라 말과 행동을 통해 그대로 나타나기 때문이다. 따라서 자신의 내면을 스스로 다스릴 줄 알아야 한다.

사람은 누구든 부유해질 능력을 이미 가지고 있다. 그런데 다수가 부유하지 않은 이유는 교육이나 환경 등의 영향으로 스스로 부나 풍요를 선택하기보다 반대로 부를 경험하지 않는 방향으로 학습해왔기 때문이다.

생각해보라. 학교에서 어떻게 하면 부자가 될 수 있는지 가르치는 경우가 있었던가? 그렇기에 대부분의 사람은 부자가 되겠다는 생각, 즉 풍요에 대한 생각을 하지 못하는 것이다.

부자가 되고 싶다면 내면의 중요성부터 깨달아야 한다. 가난한 부모 밑에서 자란 이들의 대부분이 가난한 삶을 사는 이유는 삶을 부정적으로 생각하면서 습관적으로 가난을 선택하기 때문이다. 반면 자수성가한 부자들은 이런 원리를 깨닫고 내면부터 먼저 부유하게 변화시킨 사람들이다.

내면이 바뀌어야 부자가 될 수 있다는 말을 듣고 의아해할 사람도 있을 것이다. 하지만 분명한 것은 부와 성공을 이룬 사람들 중 가난한 내면을 갖고 있는 사람은 어디서도 찾아볼 수 없다는 점이다.

내면이 풍요로워지면 부와 성공도 따라오게 되어 있다. 따라서 부자가 되기 위해 가장 먼저 해야 할 일은 긍정적이고 풍요로운 것에 집중하고, 그 생각에 맞춰 행동하는 것이다. 그렇게 하면 주변 상황들이 점차 긍정적으로 바뀌고 새로운 기회들이 나타나며, 이런 우연들이 반복되면서 점점 부자가 되어가는 경험을 하게 될 것이다.

전 세계적으로 성공한 부자들 중 많은 사람들이 자신이 성공할 수 있었던 것은 운이 좋았을 뿐이고 뜻밖의 기회가 찾아왔기 때문이라고 말한다. 물론 그들이 성공하기까지 각자의 계획과 목표가 있었겠지만, 대다수의 성공인들에게 수많은 우연과 좋은 기회가 몰려온 것은 단순한 우연만은 아니었을 것이다.

당신은 내면이 풍요로운 생각으로 가득한가, 아니면 가난한 생각으로 가득한가?
부를 맞이하게 될 '운'은 어떤 소수의 사람들에게만 일어나는 것이 아니다. 오늘부터 내면을 부자의 생각으로 가득 채워보라. 누구든 풍요로운 내면을 갖고 그에 맞춰 행동한다면 분명 좋은 운과 긍정의 우연을 경험하게 될 것이다.

내면이 바뀌면 행동이 달라지고, 행동이 달라지면 새로운 기회들이 열리기 시작한다. 그렇게 세상은 조금씩 당신에게 유리한 방향으로 돌아가기 시작할 것이고, 이처럼 좋은 운이라 여겨지는 기회가 반복되면서 자연스럽게 부가 쌓이게 될 것이다. 이것이 바로 부자가 되는 진짜 흐름임을 잊지 말길 바란다.

에필로그

어둠 속에서는
작은 빛도 큰 힘이 된다

오십이 넘은 지금도 나는 늘 배우고 성찰한다. 아직도 난 부족한 점이 많은 사람이기 때문이다. 그래서 이 책을 쓰기로 마음먹기까지 많은 망설임이 있었다.

그러나 55만 명의 회원이 있는 〈행복재테크〉 커뮤니티를 운영하고, 유튜브 채널 〈행크TV〉에서 인생상담 코너를 진행하면서 한 가지 확실히 깨달은 것이 있었다. 나의 작은 조언도 누군가에게는 큰 힘이 될 수 있다는 사실이다. 그래서 비록 내가 완벽한 사람은 아니지만 나의 경험과 깨달음이 누군가에게 도움이 되고, 이를 통해 그의 삶이 조금이라도 더 나아질 수만 있다면 충분하지 않을까라는 생각이 들었다. 마치 어둠 속에서 작은 불을 밝히는 등대 하나로 길을 찾듯이 나 역시 인생의 어둠 속에 있는 누군가에게 작지만 큰 힘이 되어줄 수 있다고 생각했다.

2008년에 첫 책을 출간한 후 지금까지 정말 많은 사람들을 만나왔다. 처음에는 대부분의 사람들이 내게 투자에 관한 이야기를 물었다. 그런데 어느 순간부터는 인생의 고민을 털어놓거나 그에 대한 조언을 구하기 시작했다.
"살아가면서 정말 힘들 때에는 어떻게 하시나요?"
"사람들 때문에 자꾸 상처를 받아요. 어떻게 하면 좋을까요?"
"제가 다시 시작할 수 있을까요?"
사람들과 대화를 나누며 그들이 관점을 바꾸고, 다시 나아갈 수 있도록 나의 생각과 조언을 전해주었다. 그 과정에서 나의 말 한마디가 누군가에게는 인생을 다시 붙잡게 하는 희망의 밧줄이 될 수도 있다는 것을 알게 되었고, 그래서 이 책을 집필하게 된 것이다.

무언가를 잘 해내는 삶의 기술이 아닌, 무너지는 순간에도 다시 일어설 수 있는 '삶을 버티는 힘'에 대해 말하는 책이다. 어떻게 하면 흔들리지 않고, 스스로를 다잡으며 살아갈 수 있는가를 말하고 있다. 삶이 벅차게 느껴질 때에도 힘없이 무너지지 않고, 자신이 한없이 작고 초라하게 느껴질 때에도 스스로를 사랑하며 다시 일어설 수 있는 힘을 낼 수 있게 도와주고 싶었다.

이 책을 통해 여러분이 얻길 바라는 것은 단순한 지식이 아니다. 나 또한 실패와 좌절, 깊은 상처가 있었지만 다시 일어설 수 있었던 것은 '나만의 회복탄력성' 덕분이었다. 모든 것이 무너져 내린 것 같은 날에도 다음 날 다시 출근해 담담히 살아갈 수 있도록 해준 그 힘, 이에 대한 모든 것을 이 책에 담았다. 그러니 매 순간 필요할 때마다 이 글을 반복해서 읽으며 자신의 것으로 만들기를 바란다.

살다 보면 누구나 어려운 순간을 맞이한다. 하지만 그런 순간에 나를 진심으로 위로하고 응원해주는 이를 만나는 것은 참으로 어려운 일이다. 힘든 일이 생기면, 좋았던 인연마저 내 곁을 떠나는 경우가 많으므로.

슬프지만 나에게 좋은 일과 힘이 생기면 사람들이 몰려오고, 내게 안 좋은 일이 생기거나 힘을 잃으면 사람들이 떠나가는 것이 처절한 현실이다.

그러나 이 책은 모두가 떠나는 순간에도 당신 곁에서 진심으로 위로하고 응원해주는 역할을 할 것이다. 힘든 순간마다 책 속의 문장들이 당신의 마음을 어루만져주고, 길을 잃었을 때 나침반이 되어줄 것이다.

또한 힘든 날을 버티게 할 강한 멘탈을 만들어 줄 것이다. 강한 멘탈은 하루아침에 만들어지지 않는다. 나 역시 수많은 시행착오와 깨달음의 과정을 거쳐 지금에 이르렀다. 그러니 조급해하지 말고 천천히, 하나씩 하나씩 자신만의 멘탈을 만들어가길 바란다.

이 책이 당신의 인생과 함께 하는 책이 되길 바란다. 한 번 읽고 덮는 책이 아니라 기분이 가라앉는 날엔 아무 페이지나 펼쳐서 몇 문장만 읽어도 마음이 정돈되는 책이었으면 한다. 그리고 이 책으로 인해 당신의 인생에 작은 변화라도 가져다줄 수 있다면 그것만으로도 충분히 기쁠 것이다.

매일 더 완벽해지려고 애쓰며 살고 있는 당신. 완벽하지 않아도 괜찮다. 때로는 실수해도, 넘어져도 괜찮다. 다시 일어서면 된다. 이것이 인생이다. 그리고 이 모든 과정이 결국 우리를 더 강하고 지혜로운 사람으로 만들어줄 것이다.

   책을 읽은 후, 책에 관한 내용과 생각에 대해 이야기를 나눌 수 있는 공간을 마련하고자 한다.
   네이버 카페 〈행복재테크〉에 이 책에서 다룬 멘탈과 인생의 고민을 자유롭게 털어놓을 수 있는 게시판을 마련할 예정이니, 앞으로 이곳을 통해 서로의 경험을 나누고, 함께 위로받고 함께 성장해가는 그런 따스한 공간이 되었으면 한다.
   그리고 한 가지 덧붙이자면, 이 책은 성공을 위한 마음가짐에 대해 일부 다루기는 했지만 성공만을 자세하게 다룬 책은 아니다. 그런데 만약 성공을 간절히 원하고, 실질적이고도 구체적인 성공의 방법이 궁금하다면 나의 저서 『엑시트 EXIT』를 참고하길 바란다.

   마지막으로 여러분의 '오뚝이 같은 삶'을 진심으로 응원한다. 넘어져도 다시 일어서는 그 용기, 그 자체로 당신과 당신의 인생은 충분히 아름답다.

그냥 이렇게 살면 돼

초판 1쇄 발행 2025년 10월 15일
3쇄 발행 2025년 10월 22일

지은이 송희창
책임편집 배희원
편집진행 노영헌, 최상진
펴낸곳 도서출판 지혜로
표지 디자인 송봉엽 · 본문 디자인 유서희
도움주신 분 채장미

출판등록 2012년 3월 21일 제 387-2012-000023호
주소 경기도 부천시 원미구 길주로 137, 6층 602호(상동, 상록그린힐빌딩)
전화 032)327-5032 팩스 032)327-5035
이메일 book@jihyerobook.com
(독자 여러분의 소중한 의견과 원고를 기다립니다.)

ISBN 979-11-87799-39-9 (03190)
값 17,800원

· 잘못된 책은 구입처에서 교환해드립니다.
· 이 책은 저작권법에 의하여 보호를 받는 저작물이므로 무단 전재 및 복제를 금합니다.

> 도서출판 지혜로는 '독자들을 위한 책'을 만들기 위해
> 객관적으로 실력이 검증된 저자들의 책만 엄선하여 제작합니다.